职业教育汽车类专业理实一体化教材
职业教育改革创新教材

汽车电工电子技术基础

主　编	王秋梅	王永浩	
副主编	刘金凤	曲春红	董　秀
参　编	李臣华	葛源慧	杨　辉
	张劲松	林　倩	张　莉
	李世霖	杜晓辉	

机械工业出版社

本书遵循"以就业为导向,以全面素质为基础,以能力为本位"的原则,在对传统的学科型教材进行整合的同时,从专业课的角度出发,对教材框架重新进行了构建。

本书紧扣汽车电工电子技术基础课程标准,以"讲清电工电子基本概念、工作原理、分析方法以及电在汽车电路中的实际应用"为目的,以汽车电气设备的发展过程为主线,选取了电路及电路元件的检测、磁路及磁路元件的检测、转向灯不闪光的故障检修、发电机不发电的故障检修、电动机无法工作的故障检修、汽车仪表显示不正常的故障检修和汽车整车电路分析七个项目,每个项目包含学习目标、项目描述、实训操作、课后测评四个部分。每个项目设置多个任务,每个任务又包括任务所涉及的理论知识和实训操作部分,将电工电子基础知识与汽车专业知识紧密结合起来,培养学生的职业技能、职业素养和学习能力。

本书可作为职业院校汽车类专业的教学用书,也可以作为汽车检修从业人员的参考用书。

图书在版编目(CIP)数据

汽车电工电子技术基础/王秋梅,王永浩主编. —北京:机械工业出版社,2018.3(2022.6重印)
职业教育汽车类专业理实一体化教材 职业教育改革创新教材
ISBN 978-7-111-58617-3

Ⅰ.①汽… Ⅱ.①王…②王… Ⅲ.①汽车–电工–职业教育–教材②汽车–电子技术–职业教育–教材
Ⅳ.①U463.6

中国版本图书馆 CIP 数据核字(2017)第 296513 号

机械工业出版社(北京市百万庄大街22号 邮政编码100037)
策划编辑:于志伟 责任编辑:于志伟
责任校对:潘 蕊 封面设计:鞠 杨
责任印制:单爱军
北京虎彩文化传播有限公司印刷
2022年6月第1版第7次印刷
184mm×260mm·11.5印张·289千字
标准书号:ISBN 978-7-111-58617-3
定价:30.00元

电话服务 网络服务
客服电话:010-88361066 机 工 官 网:www.cmpbook.com
　　　　　010-88379833 机 工 官 博:weibo.com/cmp1952
　　　　　010-68326294 金 书 网:www.golden-book.com
封底无防伪标均为盗版 机工教育服务网:www.cmpedu.com

前言

本书根据我国汽车维修专业领域技能型人才紧缺的实际情况，借鉴国内外先进的职业教育理念、模式和方法，采用基于工作过程的项目化教学的编写体例，对教学内容和教学方法进行了创新。

本书结合我国职业教育的现状和发展趋势，着眼于企业岗位需求，以职业能力培养为核心，由从事多年职业教学工作的一线骨干教师和学科带头人通过对汽车相关企业的调研、汽车维修工岗位群职业能力进行分析，研究总结汽车维修工人才培养方案，并在企业、行业专家参与下编写而成。

本书以较宽的覆盖面来容纳较大的信息量，力求理论深度适中，强化实用技能，其主要特点如下：

1. 以专业课所需要的内容为依据，以"必需、够用"为度，注重基础，强调实用，合理选择教材内容，降低了知识难度。适当列举一些汽车的电气设备电路实例进行讲解，使学生将电工电子基础知识和汽车专业知识迅速结合起来，既提高了学生学习的兴趣，也培养了学生分析问题和解决问题的能力。

2. 强调技能和能力。在每个项目前均列出了"学习目标"，使学习者能够充分了解学习中要掌握的知识要点，使学习目标明确，从而做到心中有数。

3. 在每个项目后面都配有"课后测评"，可使学习者对所学知识有一个深入的理解与提高，也更突出了学习者的主体性和主动性，对学习效果有正确的评估，从而做到心中有数。

4. 为了提高学生的动手能力，每个项目后面都有相应的实训操作，力求培养学生分析问题和解决问题的能力，达到巩固所学知识的目的。

5. 本书图文并茂，理论深度适中，语言通俗易懂，便于学生自学。

本书由烟台汽车工程职业学院王秋梅、王永浩担任主编，刘金凤、曲春红、董秀担任副主编，参加编写的有李臣华、葛源慧、杨辉、张劲松、林倩、张莉、李世霖、杜晓辉。具体编写分工如下：王秋梅编写项目一、王永浩编写项目二，刘金凤编写项目三，曲春红编写项目四，董秀编写项目五，葛源慧、杨辉、张劲松、林倩、张莉、李世霖、杜晓辉编写项目六和项目七，李臣华在教材内容整合修改方面做了大量的工作。

由于编者经验、水平有限，书中难免有错漏之处，敬请读者批评指正。

编　者

目 录

前 言

项目一 电路及电路元件的检测 ………………………………………… 1
    任务一　电路的组成及其基本物理量的认识 ……………………… 1
    任务二　电阻的认识 ………………………………………………… 8
    任务三　熔断器的认识 …………………………………………… 15
    任务四　导线的认识 ……………………………………………… 19
    【实训操作】 ……………………………………………………… 23
    实训操作一　万用表的使用 ……………………………………… 24
    实训操作二　熔断器的检测和更换 ……………………………… 27
    实训操作三　导线的连接 ………………………………………… 28
    【课后测评】 ……………………………………………………… 30

项目二 磁路及磁路元件的检测 ……………………………………… 32
    任务一　磁场及磁路的认识 ……………………………………… 32
    任务二　电磁铁的认识 …………………………………………… 37
    任务三　继电器的认识 …………………………………………… 42
    任务四　变压器的认识 …………………………………………… 44
    【实训操作】 ……………………………………………………… 47
    实训操作一　认识电磁感应现象 ………………………………… 48
    实训操作二　观察带电导体在磁场中的运动 …………………… 49
    实训操作三　继电器的检测 ……………………………………… 49
    【课后测评】 ……………………………………………………… 50

项目三　转向灯不闪光的故障检修 ··· 52

任务一　电感的认识 ··· 52
任务二　电容的认识 ··· 58
任务三　二极管的认识 ··· 65
任务四　晶体管的认识 ··· 72
任务五　集成运算放大器的认识 ··· 81
【实训操作】 ··· 85
实训操作　转向灯不闪光的故障检修 ··· 86
【课后测评】 ··· 87

项目四　发电机不发电的故障检修 ··· 88

任务一　正弦交流电的认识 ··· 88
任务二　三相交流电的认识 ··· 97
任务三　发电机的认识 ··· 100
任务四　安全用电 ··· 106
【实训操作】 ··· 108
实训操作　发电机不工作的故障检修 ··· 109
【课后测评】 ··· 113

项目五　电动机无法工作的故障检修 ··· 115

任务一　交流电动机的认识 ··· 115
任务二　直流电动机的认识 ··· 121
任务三　直流电动机在汽车上的应用 ··· 123
【实训操作】 ··· 127
实训操作一　电动机的拆装 ··· 128
实训操作二　直流电动机的检测 ··· 130
【课后测评】 ··· 132

项目六　汽车仪表显示不正常的故障检修 ··· 133

任务一　数字电路概述 ··· 133
任务二　门电路的认识 ··· 134
任务三　触发器的认识 ··· 141
【实训操作】 ··· 146
实训操作一　示波器的使用 ··· 147
实训操作二　汽车仪表电路的测量 ··· 154
【课后测评】 ··· 156

项目七　汽车整车电路分析 ··· 157

任务一　汽车电路的基础器件 ··· 157

任务二　汽车电路图的读识 …………………………………………… 163
【实训操作】 ………………………………………………………… 172
实训操作　全车电路的检修 ………………………………………… 172
【课后测评】 ………………………………………………………… 174

参考文献 ……………………………………………………………… 176

项目一 电路及电路元件的检测

目标类型	目标要求
知识目标	1. 掌握电路的组成和各部分的作用 2. 能够运用基尔霍夫定律进行复杂电路的计算 3. 掌握电阻的类型和检测方法 4. 掌握熔断器的结构和检测方法
技能目标	1. 能够用万用表测量直流电路中的电压、电阻和电流值 2. 能够解决直流电路中的连接问题

 项目描述

通过对电路及电路元件的检测，掌握电路的基本组成及其特点，并能够进行电流、电压和电阻的检测以及熔断器和电阻的检测，最终能够检修电路。

任务一 电路的组成及其基本物理量的认识

一、电路基础

1. 电路的概念

电路就是电流所通过的路径，它是由电气设备和元器件按一定方式连接起来的。在日常生活和工业控制中存在各式各样的电路，例如，电视机中将微弱信号放大的放大电路，随处可见的照明电路，汽车中的温度、压力、位置角度等传感器检测电路。

2. 电路的组成

根据各组成部分的作用不同，电路可分为电源、负载和中间环节三部分。

1）电源：提供电能或电信号的装置。
2）负载：消耗电能或接收电信号的装置。
3）中间环节：用于连接电源和负载，实现电能或电信号的传输、分配和控制，故又称传输控制器件。

例如，手电筒电路就是一个简单的实用电路。这个电路由电源（干电池）、负载（小灯泡）、开关和连接导体（手电筒金属壳）组成，如图1-1所示。

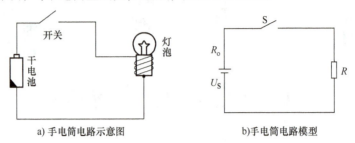

a) 手电筒电路示意图　　　　　　b) 手电筒电路模型

图1-1　手电筒电路

3. 电路的作用

电路的作用有两个方面：一是实现能量的转换、传输和分配，如电力电路系统（图1-2），即电力电路；二是实现电信号的处理与传递，如广播电视系统（图1-3），即信号电路。

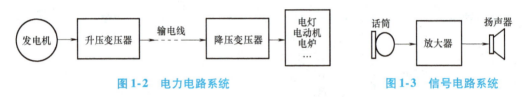

图1-2　电力电路系统　　　　　　图1-3　信号电路系统

综上所述，电路就是为了实现电能或电信号的传输、分配、转换和处理，利用传输控制器件把电源和负载组合起来的一个整体。

二、电路基本物理量的认识

1. 电压

（1）电压的定义、单位和符号　电荷在电场中移动时必然伴随能量的交换，在电场力作用下，正电荷将由高电位移向低电位，正电荷的电位能减小。电压是不同数量的电荷试图平衡而产生的，它是电流流动的原因。

电场中任意两点（A、B）间的电位差定义为这两点间的电压，它在数值上等于把单位正电荷由此（A点）移至彼（B点）时电场力所做的功，亦即单位正电荷电位能的变化量。

设正电荷由A点移到B点时电场力所做的功为dW，则A、B两点间的电压为

$$U_{AB} = \frac{dW}{dq} \tag{1-1}$$

在国际单位制中，电压的单位是伏特（V）。当电场力把1C（库仑）的电荷从一点移到另一点所做的功为1J（焦耳）时，该两点间的电压为1V，即1V＝1J/C。

也就是说，电场力把单位正电荷由A点移到B点所做的功在数值上等于A、B两点的电压。在直流电路中，上式可写成

$$U = \frac{W}{Q} \tag{1-2}$$

电路中规定电位跌落（电压降）的方向为电压的方向，故$U_{AB} = U_A - U_B = -(U_B - U_A) = -U_{BA}$。

电路中任意两点间的电压只取决于这两点的位置，而和路径无关。电压随时间变化时，以小写字母u记之，称为交流；电压不随时间变化时，以大写字母U记之，称为直流。

（2）电压的方向　习惯上规定从高电位点指向低电位点为电压方向（实际方向），即电

压降的方向。在分析电路时，也应该选取电压的参考方向。当电压的参考方向与实际方向一致时，电压为正（$U>0$）；两者方向不一致时，电压为负（$U<0$），如图1-4所示。

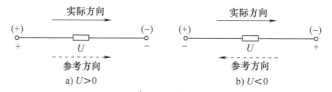

图1-4　电压的参考方向与实际方向

电压参考方向在电路中用极性"＋""－"表示，也可用箭头表示。"＋"表示高电位，"－"表示低电位，其符号可用 U_{AB} 表示。

在分析和计算电路时，电压和电流参考方向的假定原则上是任意的。但为了方便，元件上的电压和电流常取一致的参考方向，称为关联参考方向。

图1-4a所示的 U 与 I 参考方向一致，则其电压与电流的关系是 $U=RI$；而图1-4b中的 U 与 I 参考方向不一致，则电压与电流的关系是 $U=-RI$。可见，在写电压与电流的关系式时，式中的正、负号由它们的参考方向是否一致来决定。

2. 电流

（1）电流的定义、单位和符号　电流是由电压引起的，是自由电子定向运动产生的。图1-5所示为电灯电路，开关闭合时，电路中有电流流过。

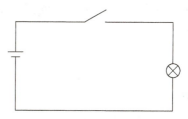

图1-5　电灯电路

单位时间内通过导体某一横截面的电荷量称为电流。设在 dt 时间（单位：秒，s）内通过导体某一横截面的电荷量为 dq（单位：库仑，C），则通过该截面积的电流为

$$i=\frac{dq}{dt} \tag{1-3}$$

若 $\dfrac{dq}{dt}$=常数，则这种电流就称为恒定电流，简称直流。在直流电路中，式（1-3）可写成

$$I=\frac{Q}{t} \tag{1-4}$$

在国际单位制（SI）中，规定电流的单位为安培（A）。

（2）电流的方向　习惯上规定，正电荷移动的方向或负电荷移动的反方向为电流的方向（实际方向）。电流的方向是客观存在的，在简单电路中，可以很容易地判断出电流的实际方向，如图1-6a所示的 I_1、I_2。倘若在图中 A、B 两点间再接入一个电阻，如图1-6b所示

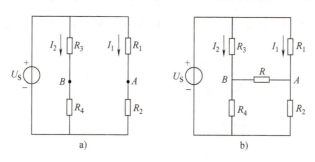

图1-6　电流方向的判断

示,那么该电阻中的电流方向就很难直观判断了。另外,在交流电路中,电流是随时间变化的,在图上也无法表示其实际方向,为了解决这一问题,必须引入电流的参考方向这一概念。

参考方向是假定的方向,电流的参考方向可以任意选定,在电路中一般用箭头表示。当然,所选的电流参考方向不一定就是电流的实际方向,当电流的参考方向与实际方向一致时,电流为正值($I>0$);当电流的参考方向与实际方向相反时,电流为负值($I<0$)。这样,在选定的参考方向下,根据电流的正、负值,就可以确定电流的实际方向,如图1-7所示。

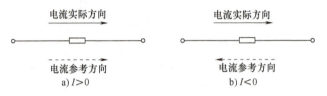

图1-7 电流的参考方向与实际方向

在分析电路时,首先要假定电流的参考方向,并据此分析计算,然后再根据答案的正、负值来确定电流的实际方向。如不做说明,则电路图上标出的电流方向一般都是参考方向。

(3) 电流的类型

1) 直流电。直流电是指在一个电路中,电压和电阻是恒定的,当每秒钟在相同的方向上流入的电子数量相同时,便形成了直流电。直流电用DC表示,如图1-8所示。

2) 交流电。交流电是指在一个电路中,电压和电阻是恒定的,自由电子总是在正、反两个方向移动相同的距离,便形成了交流电。交流电用AC表示,如图1-9所示。

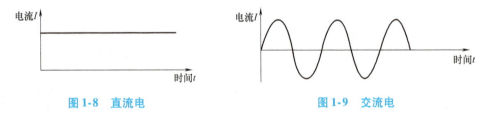

图1-8 直流电　　　　　图1-9 交流电

3. 电位

电场力把单位正电荷从电路中的某点移到参考点所做的功,称为该点的电位,用大写字母V表示。电路中某点的电位,即该点与参考点之间的电压,也可理解为单位正电荷在该点(相对于参考点)所具有的位能。电位的单位也是伏特(V)。

根据上述电压、电位的定义,可以证明:电路中任意两点之间的电压就等于这两点间的电位差,即

$$U_{AB} = V_a - V_b \tag{1-5}$$

这表明:电压的实际方向是从高电位点指向低电位点,是电位降的方向。

4. 电动势

(1) 电动势的定义、单位和符号　电动势是衡量电源力做功能力的物理量,恒定(直流)电动势用字母$T(T=T_L+T_0)$表示,其单位也是伏特(V)。在图1-10中,电源的电动势在数值上等于电源力把单位正电荷从低电位的b端经电源内部移到高电位a端所做的功。

因此，电动势的实际作用方向是在电源内部由低电位指向高电位端，是电位升高的方向。如果不考虑电源内部可能存在的其他形式的能量转换，则电源力对单位正电荷所做的功，应等于单位正电荷位能的增加，即

$$E_{ba} = V_a - V_b \tag{1-6}$$

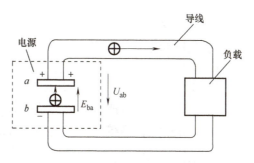

图 1-10　电压与电动势

（2）电动势的方向　和电流一样，电压和电动势也应引入参考方向（或参考极性）的概念。在电路图中，其参考方向可用箭标或双下标如 U_{ab}、E_{ab} 来表示。如参考方向与其实际方向一致，则数值为正，否则为负值。

5. 电功、电功率和效率

（1）直流电的电功率　电功率 P 等于电压 U 和电流 I 的乘积。即

$$P = UI \tag{1-7}$$

电功率的单位是瓦特（W），1W 的电功率是 1V 的电压和 1A 的电流所做的功。

（2）直流电的功　电流所做的功 W 等于电功率 P 与时间 t 的乘积。即

$$W = Pt \tag{1-8}$$
$$= UIt \tag{1-9}$$

电功的单位是瓦特秒（W·s），1W·s 是在功率为 1W 的情况下 1s 做的功（3600000W·s = 1kW·h）。

（3）效率　效率 η 等于输出功率 P_{out} 与输入功率 P_{in} 的比值。即

$$\eta = \frac{P_{out}}{P_{in}} \tag{1-10}$$

$$P_V = P_{in} - P_{out} \tag{1-11}$$

由于输入功率 P_{in} 总是大于输出功率 P_{out}，效率总是小于 1 或者 100%。这是因为在能力转换时总是有功率损失 P_V。

三、电路的工作状态

电路有空载、短路和有载工作三种状态，现以图 1-11 所示的简单直流电路为例来分析电路的各种状态。图中电动势 E 和内阻 R_0 串联，组成电压源，U_1 是电源端电压。开关 S 和连接导线是中间环节。U_2 是负载端电压，R_L 是负载等效电阻。

1. 有载状态

如图 1-11 所示，当开关 S 闭合时，电路中有电流流过，电源输出电功率，负载取用电功率，这称为有载状态。

为了保证电气设备和器件能安全、可靠和经济地工作，制造厂规定了每种设备和器件在

工作时所允许的最大电流、最高电压和最大功率，这些称为电气设备和器件的额定值，常用下标符号 N 表示，如额定电流 I_N、额定电压 U_N 和额定功率 P_N。这些额定值常标记在设备的铭牌上，故又称为铭牌值。

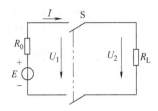

图 1-11　简单直流电路

电气设备和器件应尽量工作在额定状态，这种状态又称为满载，其电流和功率低于额定值的工作状态叫轻载，高于额定值的工作状态叫过载。有些用电设备如电灯、电炉等，只要在额定电压的条件下使用，其电流和功率就符合额定值，故只标明 U_N 和 P_N。另一类电气设备如变压器、电动机等，再加上额定电压后，其电流和功率取决于它所负载的大小。例如，电动机所带机械负载过大时，会因电流过大而严重发热甚至烧毁，故在一般情况下，设备不应过载运行。在电路中常装设自动开关、热继电器，用来在过载时自动断开电源，确保设备安全。

2. 空载状态

在图 1-11 所示电路中，当开关 S 断开时，电路中电流为零，这称为空载状态，也称为开路。

空载时该部分电路中没有电流，也就无能量的输送和转换。开路的电流等于零，开路处的电压应视电路情况而定。

3. 短路状态

在图 1-11 所示电路中，当电源两端的导线由于某种事故而直接相连时，电源输出电流不经过负载，只经过连接导线直接流回电源，这种状态称为短路状态，简称短路。短路时的电流称为短路电流，用 I_{SC} 表示。因为电源内阻 R_0 很小，故 I_{SC} 很大。短路时外电路的电阻为零，故电源和负载的端电压均为零。这时，电源所产生的电能全部被电源内电阻消耗转变为热能，故电源的输出功率和负载取用的功率均为零。

因为 I_{SC} 很大，短路时电源本身及 I_{SC} 所流过的导线温度剧增，将会损坏绝缘，烧毁设备，甚至引起火灾。因此，电路短路是一种严重的事故，应尽力避免。为防止短路所产生的严重后果，通常在电路中接入熔断器或自动开关，以能在发生短路时迅速切除故障电路，从而确保电源和其他电气设备的安全运行。

四、电路基本定律

1. 欧姆定律

通常流过电阻的电流与电阻两端的电压成正比，这就是欧姆定律，它是分析电路的基本定律之一。对图 1-12 所示的电路，欧姆定律可用下式表示

$$\frac{U}{I} = R \qquad (1-12)$$

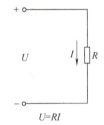

图 1-12　欧姆定律

由上式可见，当所加电压 U 一定时，电阻 R 越大，则电流 I 越小。显然，电阻具有对电流起阻碍作用的物理性质。

在关联参考方向时，电压和电流的参考方向一致，在欧姆定律的表示式中为正号，如式（1-1）所示。此外，电压和电流本身还有正值和负值之分。

2. 基尔霍夫定律

用串并联的方法能够最终化为单一回路的简单电路，可以用欧姆定律来求解。用串并联的方法，不能将电路最终化为单一回路的复杂电路，其求解规律反映在基尔霍夫定律中。基尔霍夫定律是电路的基本定律之一，它包含有两条定律，分别称为基尔霍夫电流定律（KCL）和基尔霍夫电压定律（KVL）。

在基尔霍夫定律中，常要用到如下几个电路名词：

支路：在电路中通过同一电流的分支电路叫做支路。如图 1-13 所示的电路中，有三条支路，分别是 I_1、I_2 和 I_3 流过的支路。

节点：三条或三条以上支路的连接点叫做节点。如图 1-13 所示的电路中，有 b、e 两个节点。

回路：闭合的电路叫做回路。回路可由一条或多条支路组成，其中只含一个闭合回路的电路叫网孔。如图 1-13 所示的电路中，有 $abcdef$、$abef$ 和 $bcde$ 三个回路，其中 $abef$ 和 $bcde$ 为两个网孔。

（1）**基尔霍夫电流定律** 基尔霍夫电流定律（Kirchhoff's Current Law，KCL）描述了连接在同一节点上的各支路电流之间的约束关系，反映了电流的连续性，即在任一瞬间，流入任一节点的电流之和必等于流出该节点的电流之和。也就是说，在电路中的任一节点上都不可能有电荷的积累。

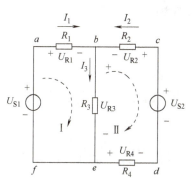

图 1-13　电路名词定义示意图

例如，对于图 1-13 所示电路中的节点 b，应用基尔霍夫电流定律可写出

$$I_1 + I_2 = I_3$$

也可改写为

$$I_1 + I_2 - I_3 = 0$$

即

$$\sum I = 0 \tag{1-13}$$

因此，基尔霍夫电流定律也可叙述为：在任一瞬时，电路中流入任一节点的所有电流的代数和等于零。这里把流入节点的电流取正号，流出节点的电流取负号。当基尔霍夫电流定律叙述为流出任一节点的电流代数和等于零，则对流出节点的电流取正号，流入节点的电流取负号。

基尔霍夫电流定律中所提及的电流方向，本应指电流的实际方向，但对电流的参考方向也同样适用。因此，在应用该定律列写方程时，首先要标出每条支路电流的参考方向。如计算结果某支路电流是负值，则说明该支路电流的参考方向与实际方向相反。

（2）**基尔霍夫电压定律** 基尔霍夫电压定律（Kirchhoff's Voltage Law，KVL）描述了闭合回路中各支路电压之间的关系。沿着闭合回路绕行时，将会遇到电位升降的变化。由于电位的单值性，如果沿闭合回路绕行一周，回到原出发点，其电位的变化量应为零。基尔霍夫电压定律指出：在任一瞬时，沿闭合回路绕行一周，在绕行方向上的电位升之和必等于电位降之和。

图 1-14 所示为某直流电路的一部分，由四个电路元件构成了闭合回路，回路中各电压的参考方向如图所示，设四个电压均为正值，即图示的电压参考方向也就是实际方向。若按顺时针方向沿着回路 $ABCDA$ 绕行一周，在绕行方向上 U_2、U_3 为电位降，U_1、U_4 为电位升，应用基尔霍夫电压定律有

$$U_1 + U_4 = U_2 + U_3$$

上式可改写成 $U_1 - U_2 - U_3 + U_4 = 0$

即 $\sum U = 0$ (1-14)

因此，基尔霍夫电压定律也可叙述为：在任一瞬时，沿任一闭合回路绕行一周，回路中各部分电压的代数和恒等于零。若规定电位升取正号，则电位降就取负号。

【例1-1】 有一闭合回路如图1-15所示，已知 $U_1 = 15V$，$U_2 = -4V$，$U_3 = 8V$，试求电压 U_4 和 U_{AC}。

解：沿 ABCDA 回路，根据各电压的参考方向，应用基尔霍夫电压定律可列出

$$\sum U = U_2 - U_3 - U_4 + U_1 = 0$$

即 $U_4 = U_1 + U_2 - U_3$

代入数据得 $U_4 = 15V + (-4)V - 8V = 3V$

沿 ACBA 回路，应用基尔霍夫电压定律可列出

$$-U_{AC} + U_3 - U_2 = 0$$

所以 $U_{AC} = U_3 - U_2 = 8V - (-4)V = 12V$

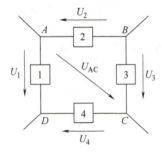

图1-14 基尔霍夫电压定律示例

【例1-2】 如图1-16所示的有源支路，已知 $E = 12V$，$U = 8V$，$R = 5\Omega$，求电流 I。

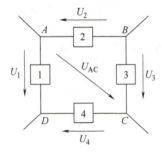

图1-15 例1-1电路

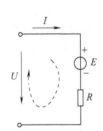

图1-16 例1-2电路

解：沿闭合回路按顺时针方向绕行一周，应用基尔霍夫电压定律，有

$$-E - RI + U = 0$$

所以 $I = \dfrac{U - E}{R} = \dfrac{8 - 12}{5} A = -0.8A$

电流是负值，即其实际方向与图示参考方向相反。

任务二　电阻的认识

电阻是衡量材料导电性能的物理性能，而电阻器是电气工程或电子工业中的元件。区分这两个关联的术语是非常必要的。

一、物体的电阻

如果将电压施加到导体上，电子不再是无阻碍地移动，电子流受到的阻尼称为电阻 R。电阻 R 表征导体对电流的阻碍作用，电阻的单位是欧姆（Ω）。如图1-17所示，所用的导线不同，同一灯泡的亮度也不同。

a) 低电阻=高电流流动   b) 高电阻=低电流流动

图 1-17　不同导线对同一灯泡亮度的影响

1. 电阻率

材料的电阻率是指长度为 1m，截面积为 $1mm^2$ 的该种材料的电阻。在电气工程中，常用电导率 χ 代替电阻率，电导率与电阻率互为倒数，即 $\chi = \dfrac{1}{\rho}$，其单位为 $\dfrac{m}{\Omega \cdot mm^2}$。

图 1-18 所示为不同材料的电导率和电阻率。

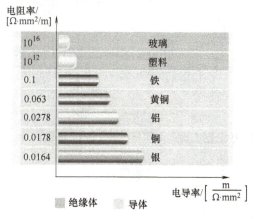

图 1-18　不同材料的电导率和电阻率

2. 导体的电阻

导体的电阻与该导体的电阻率和导线长度以及导体的横截面积有关，导体的电阻率越大、导线（l）越长、横截面积（A）越小，其电阻（R）越大，即

$$R = \dfrac{\rho l}{A} \tag{1-15}$$

二、电阻器

电阻是汽车电气设备中用得最多的基本元件之一，主要用于控制和调节电路中的电流和电压，或用做消耗电能的负载。

电阻有不同的分类方法：按阻值是否可变，电阻有固定电阻和可变电阻（可变电阻常称为电位器）之分；按材料分，有碳膜电阻、金属膜电阻和线绕电阻等不同类型；按功率分，有 $\dfrac{1}{16}$W、$\dfrac{1}{8}$W、$\dfrac{1}{4}$W、$\dfrac{1}{2}$W、1W、2W 等额定功率的电阻；按电阻值的精确度分，有精确度为 ±5%、±10%、±20% 等普通电阻，以及精确度为 ±0.1%、±0.2%、±0.5%、±1% 和

±2%的精密电阻。

常用电阻器的外形和特点见表1-1。

表1-1 常用电阻器的外形和特点

名 称	外 形	主 要 特 点
碳膜电阻器（RT型）		阻值较稳定，受电压和频率影响小，价廉，应用广泛 阻值：1Ω~10MΩ；额定功率：0.125~2W
金属膜电阻器（RJ型）		耐热，噪声小，体积小，精度高，广泛应用于要求较高的电路 阻值：1Ω~620MΩ；额定功率：0.125~2W
金属氧化膜电阻器（RY型）		抗氧化，耐高温 阻值：1Ω~200kΩ；额定功率：0.125~10W
合成实心电阻器（RS型）		机械强度高，可靠，体积小，价廉 阻值：4.7Ω~22MΩ；额定功率：0.25~2W
线绕电阻器（RX型）		阻值精度高，稳定，抗氧化，耐热，功率大，作为精密和大功率电阻器使用 阻值：0.1Ω~5MΩ；额定功率达150W
电位器（WT型等）		阻值可以调节，阻值规律有直线式、指数式、对数式。主要用于调节电路中的电阻、电流和电压

1. 固定电阻

(1) 电阻型号 电阻型号根据GB/T 2470—1995进行命名，由下列四部分组成，见表1-2。

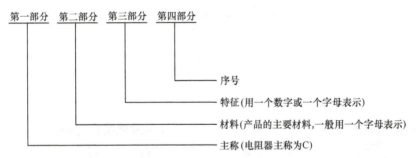

第一部分　第二部分　第三部分　第四部分

- 序号
- 特征(用一个数字或一个字母表示)
- 材料(产品的主要材料,一般用一个字母表示)
- 主称(电阻器主称为C)

表1-2 电阻器型号命名方法

第二部分：材料		第三部分：特征		第四部分：序号
符号	意义	符号	电阻器	
H	合成膜	1	普通	对主称、材料相同，仅尺寸和性能指标略有区别，但基本上不影响互换性的产品，可以给同一序号；若尺寸和性能指标有所差别已明显影响互换性，仍给同一序号，但在序号后面用一个字母作为区别代号。此时，该字母作为该型号的组成部分，但在统一该产品技术标准时，应取消区别代号
I	玻璃釉膜	2	普通	
J	金属膜(箔)	3	超高频	
N	无机实心	4	高阻	
S	有机实心	5	高温	
I	碳膜	7	精密	
X	线绕	8	高压	
Y	氧化膜	9	特殊	
		G	高功率	

图 1-19 所示为电阻器型号实例，R 为主称，表示电阻器；J 代表材料，为金属膜；7 代表类别，为精密；3 代表产品序号。

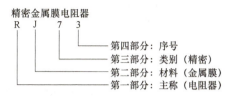

图 1-19 电阻器型号实例

(2) 电阻的基本参数　电阻的基本参数包括标称值、额定功率和允许偏差。

1) 标称值。标称值是指按国家规定标准化的电阻值。电阻值的标称值应为表 1-3 所列数字的 10^n 倍，其中 n 为正整数、负整数或零。这样可以将电子电路所需要的电阻全部包括在系列中。

表 1-3　电阻的标称值

系列	允许偏差	电阻器的标称值																						
E24	±5%	1.0	1.1	1.2	1.3	1.5	1.6	1.8	2.0	2.2	2.4	2.7	3.0	3.3	3.6	3.9	4.3	4.7	5.1	5.6	6.2	6.8	7.5	8.2	9.1
E12	±10%	1.0		1.2			1.5		1.8		2.2		2.7		3.3		3.9		4.7		5.6		6.8		8.2	
E6	±20%	1.0					1.5				2.2				3.3				4.7					6.8			
E3	> ±20%	1.0										2.2										4.7				

2) 额定功率。电阻的额定功率是指电阻在直流或交流电路中，长期连续工作所允许消耗的最大功率。它有两种标示方法：2W 以上的电阻，直接用数字印在电阻体上；2W 以下的电阻，以自身体积大小来表示功率。在电路图上表示电阻功率时，采用如图 1-20 所示的符号。

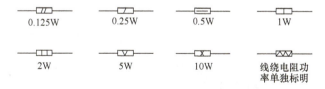

图 1-20　电阻额定功率的电路符号

3) 允许偏差。允许偏差是指标称阻值允许的偏差。Ⅰ级为 ±5%，Ⅱ级为 ±10%，Ⅲ级为 ±20%，还有精确度为 ±0.1%、±0.2%、±0.5%、±1% 和 ±2% 的精密电阻。

(3) 电阻值的识别　电阻的阻值和允许偏差的标注方法有直标法和色标法。

1) 直标法。将电阻的阻值和误差直接用数字和字母印在电阻上，无误差标示代表允许误差为 20%。也有采用习惯标记法的，如：

3Ω3　Ⅰ：表示电阻值为 3.3Ω，允许误差为 ±5%；

5M1　Ⅱ：表示电阻值为 5.1MΩ，允许误差为 ±10%；

1k8：表示电阻值为 1.8kΩ，允许误差为 ±20%。

2) 色标法。将不同颜色的色环涂在电阻（或电容）上来表示电阻（电容）的标称值及允许误差，各种颜色所对应的数值见表1-4。固定电阻色环标志读数识别规则如图1-21所示，图1-21a所示为阻值为27000Ω、阻值允许偏差为±5%的电阻器；图1-21b所示为阻值为249000Ω、阻值允许偏差为±1%的电阻器；图1-21c所示为阻值为249000Ω、阻值允许偏差为±1%、温度系数为±50×10⁻⁶/K的电阻器。

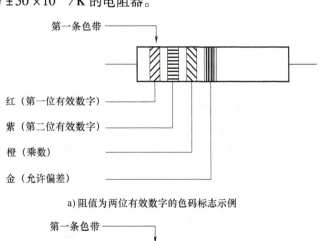

a) 阻值为两位有效数字的色码标志示例

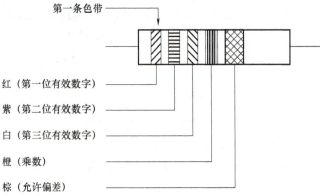

b) 阻值为三位有效数字的色码标志示例

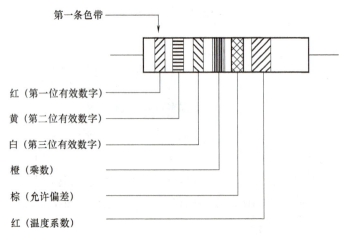

c) 阻值为三位有效数字并要求标志温度系数的色码标志示例

图1-21 色码标志示例

注：为了避免混淆，最后一条色带的宽度应是其他色带宽度的1.5~2倍。

表 1-4 阻值对应的颜色

颜　色	有效数字	乘　数	阻值允许偏差	温度系数 10^{-6}/K
银	—	10^{-2}	±10%	—
金	—	10^{-1}	±5%	—
黑	0	1	—	±250
棕	1	10	±1%	±100
红	2	10^2	±2%	±50
橙	3	10^3	±0.05%	±15
黄	4	10^4	—	±25
绿	5	10^5	±0.5%	±20
蓝	5	10^6	±0.25%	±10
紫	7	10^7	±0.1%	±5
灰	8	10^8	—	±1
白	9	10^9	—	—
无色			±20	

2. 可变电阻

可变电阻是指阻值可以人工地进行调整或随外界的变化而变化的电阻，一般包括可调电阻器和特殊电阻。

可调电阻器的阻值可以人工地进行调节，电位器是最常见的一种可调电阻器，电位器从形状上分，有圆柱形、长方体等多种形状；从结构上分，有直滑式、旋转式、带开关式、带锁紧装置式、多联式、多圈式、微调式和无接触式等多种形式；从材料上分，有碳膜、合成膜、有机导电体、金属玻璃釉和合金电阻丝等多种电阻材料。碳膜电位器是较常用的一种。电位器在旋转时，其相应的阻值依旋转角度而变化，变化规律有三种不同形式，如图 1-22 所示。X 型为直线型，其阻值按角度均匀变化，它用作分压、调节电流等，如在电视机中作场频调整。Z 型为指数型，其阻值按旋转角度依指数关系变化（即阻值变化开始缓慢，以后变快），它普遍使用在音量调节电阻里。D 型为对数型，其阻值按旋转角度依对数变化关系（即阻值开始变化快，以后缓慢），这种方式多用于仪器设备的特殊调节。在电视机中采用这种电位器调整黑白对比度，可使对比度更加适宜。

三、特殊电阻在汽车上的应用

1. 热敏电阻

热敏电阻是电阻式温度传感器的一种，它是由金属氧化物陶瓷半导体材料，经成形、烧结等工艺制成的测温元件（有一部分热敏电阻由碳化硅材料制成）。

（1）正温度系数热敏电阻　在工作温度范围内，其电阻值随温度升高而增大的热敏电阻称为正温度系数（PTC）热敏电阻，如图 1-23 所示。大多数材料都具有正温度系数电阻特性，当温度升高时，正温度系数材料的电阻值增大，这是由材料的原子核分子热振动加剧引起的，最终导致材料导电能力的下降，即阻碍电子的流动。

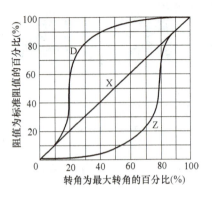

图 1-22 电位器旋转角度与实际阻值的变化关系

图 1-23 正温度系数（PTC）热敏电阻

（2）负温度系数热敏电阻 在工作温度范围内，其电阻值随温度升高而减小的热敏电阻称为负温度系数（NTC）热敏电阻，如图 1-24 所示。碳、某些合金和大多数半导体材料都具有负温度系数电阻特性，当温度升高时，负温度系数材料的电阻值减小，这是因为有更多的电子脱离原子核分子的束缚，形成电流的自由电子增多，即降低了对电子流的阻碍作用。

热敏电阻是用半导体材料渗入适当的金属氧化物，根据所要求的形状，在 1000℃ 以上的高温下烧结而成的。按照氧化物比例的不同及烧结温度的差别，可以得到特性各异的热敏电阻。一般来说，工作温度范围为 -20~130℃ 的热敏电阻可用于水温和气温的检测，工作温度范围为 600~1000℃ 的高温检测电阻可用于排气温度的检测。

热敏电阻式冷却液温度传感器一般安装在发动机缸体、缸盖的水套中，或者安装在节温器壳内并伸入水套中。传感器与冷却液接触，用来检测发动机的冷却液温度。冷却液温度传感器内部是一个半导体热敏电阻，如图 1-25 所示。

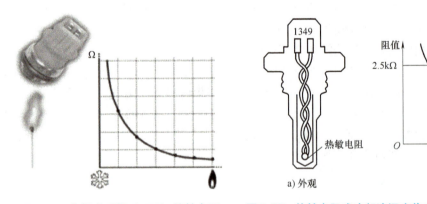

图 1-24 负温度系数（NTC）热敏电阻　　图 1-25 热敏电阻式冷却液温度传感器的外观与特性曲线

热敏电阻式冷却液温度传感器的外观与结构如图 1-25a 所示。这种传感器是利用热敏电阻阻值随温度的变化而变化这一特性来检测温度的。传感器的温度特性如图 1-25b 所示，当温度较低时，传感器的阻值很大；反之，当温度升高时，其电阻值减小。汽车上安装了很多热敏电阻式温度传感器，常用于检测冷却液、机油的温度，其中用得最多的是冷却液温度表以及电喷发动机的冷却液温度传感器。

另外，利用热敏电阻可制成湿度传感器。热敏电阻式湿度传感器可用于汽车风窗玻璃的防霜、发动机上化油器进气部位空气湿度的测定，以及用于电控自动空调车车内相对湿度的检测。

2. 压敏电阻

在采用测量发动机进气歧管压力方式计量进气量的电控汽油喷射系统中，绝对压力传感器是最重要的传感器。依据进气压力传感器的信号产生原理，它可分为半导体压敏电阻式、电容式、膜盒传动的可变电感式和表面弹性波式等类型。

（1）半导体压敏电阻式进气压力传感器　压电转换元件是利用半导体的压阻效应制成的硅膜片，其变形与压力成正比，利用电桥将硅膜片的变形转变成电信号。半导体压敏电阻式进气压力传感器由压力转换元件（硅片）、对转换元件输出信号进行放大的混合集成电路和真空室组成。在当今汽车发动机电控系统中，半导体压敏电阻式进气压力传感器具有尺寸小、精度高、成本低以及响应性、再现性和抗振性较好等优点，因而应用较为广泛。

（2）电阻应变计式碰撞传感器　电阻应变计式碰撞传感器的结构如图 1-26 所示，当膜片产生变形时，应变电阻的阻值就会发生变化。为了提高传感器的检测精度，应变电阻一般都连接成桥式电路，并设计有稳压和温度补偿电路。当汽车遭受碰撞时，振动块振动，缓冲介质随之振动，应变计的应变电阻产生变形，阻值随之发生变化，经过信号处理与放大后，传感器输出端的信号电压就会发生变化。

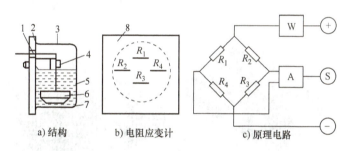

图 1-26　电阻应变计式碰撞传感器

1—密封树脂　2—传感器底板　3—壳体　4—电子电路　5—电阻应变计
6—振动块　7—缓冲介质　8—硅膜片

3. 光敏电阻

光敏电阻是利用半导体光电导效应制成的一种特殊电阻，它对光线十分敏感，其电阻值随着外界光照强弱（明暗）的变化而变化。在无光照射时，它呈高阻状态；当有光照射时，其电阻值迅速减小。汽车上的光电式光量传感器中就采用了光敏电阻——硫化镉（CdS）光导电元件，应用了光照强度能引起电阻值变化的特性。当光线照射硫化镉（CdS）时，若周围环境暗则电阻值大，若周围环境亮时则电阻值变小。光量传感器通过硫化镉（CdS）光导电元件，将周围光照的变化转换为电阻值的变化，并以电信号的形式输入控制器。

任务三　熔断器的认识

一、熔断器的作用和结构

1. 熔断器的作用

熔断器又称熔丝，它在电路中起保护作用。当电路中流过超过规定的电流时，熔断器的熔丝将因自身发热而熔断，切断电路，防止烧坏电路连接导线和用电设备，并把故障限制在最小范围内。

2. 熔断器的结构

在结构上，一般车用熔断器采用插片式的设计，熔断器拥有工程塑料外壳，包裹着锌或铜制成的熔体结构，金属熔体和插脚连接。插片式熔断器内的金属熔体导体由类似于焊料的金属制成，它比普通导线的熔点低。该导体的尺寸要通过非常精确的校准，以便在达到额定电流时，能够产生足够的热量熔断该导体，断开电路。

二、熔断器的类型

1. 按熔断速度分类

按照熔断速度，熔断器可分为高度灵敏熔断器，一般用 FF 表示；灵敏熔断器，一般用 F 表示；中度延时熔断器，一般用 M 表示；延时熔断器，一般用 T 表示；高度延时熔断器，一般用 TT 表示。

2. 按电流分类

按照熔断器的电流，汽车插片式熔断器的规格一般为 2~40A，其安培数值标注在熔断器的顶端，如图 1-27 所示。

图 1-27 插片式熔断器

如果因熔断器烧坏而无法辨认安培数值，还可以通过它的颜色来判断。国际标准中：2A 为灰色、3A 为紫色、4A 为粉色、5A 为橘黄、7.5A 为咖啡色、10A 为红色、15A 为蓝色、20A 为黄色、25A 为无色透明、30A 为绿色、40A 为深橘色，如图 1-28 所示。

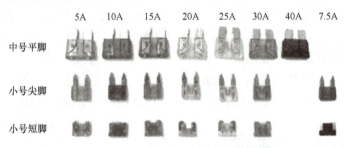

图 1-28 各种型号的插片式熔断器

三、熔断器的参数

1. 额定电流

在 25℃条件下运行时，熔断器的额定电流值通常要减小 25% 以避免有害熔断。大多数传统的熔断器，其采用的材料具有较低的熔化温度。因此，该种熔断器对环境温度的变化比较敏感，例如，一个额定电流为10A的熔断器，通常不推荐在25℃环境温度下在大于7.5A的电流下运行。

2. 额定电压

熔断器的额定电压必须等于或大于有效的电路电压，一般标准额定电压系列为32V、125V、250V和600V。

3. 电阻值

熔断器的电阻值很小，一般小于0.5Ω，这个阻值在选用熔断器时不需要考虑。但是对于额定电流小于1A的熔断器，这个电阻值还是应该考虑，所以在低电压电路中采用熔断器时应考虑这个问题。

4. 环境温度

熔断器的电流承载能力试验是在环境温度为25℃的情况下进行的，这种试验受环境温度变化的影响。环境温度越高，熔断器的工作温度越高，其熔丝的电流承载能力就越低，寿命也就越短。相反，在较低的温度下允许延长熔断器的寿命。

四、熔断器的选择方法

熔断器额定电流值的选择要保证用电器能正常工作，即熔断器的额定电流值要大于用电器的额定工作电流，但在用电器发生过载时要及时熔断，所以熔断器的额定电流值也不能选择得过大。

一般的用电器工作电流的计算可采用式（1-16）和式（1-17）。

$$I = \frac{P}{U} \tag{1-16}$$

式中　I——用电器工作电流（A）；
　　　P——用电器的工作功率（W）；
　　　U——车载发电机的输出电压（V）；
　　　对于14V电系的车辆一般取值为14V。

$$I = \frac{U}{R} \tag{1-17}$$

式中　R——用电器的电阻（Ω），可包括各种接触电阻、导线电阻等。

熔断器的额定电流值要大于式（1-16）或式（1-17）计算出的值。

一般情况下，当环境温度为18～32℃时，流过熔断器的电流为额定电流的1.1倍时，熔丝不熔断；达到1.35倍时，熔丝在60s内熔断；达到1.5倍时，20A以内的熔丝在15s以内熔断，30A的熔丝在30s以内熔断。

熔断器在使用中应注意以下几点：

1）熔断器熔断后，必须找到故障原因，并彻底排除故障。

2）更换熔断器时，一定要与原规格相同。

3）熔断器支架与熔断器接触不良会产生电压降和发热现象，安装时要保证两者接触良好。

五、熔断器在汽车上的位置

由于汽车上的零部件和电子设备很多，而且每个设备都会装有熔断器，为了便于日后的维修，每辆车在设计之初，设计师便把汽车熔断器都集中设计在一起，而这个地方被称为熔断器盒。

一般一辆车拥有两个熔断器盒，一个位于发动机舱内，是负责汽车外部用电器的熔断器，如发动机控制单元、喇叭、玻璃清洗器、ABS、前照灯等。发动机舱内的熔断器盒一般在发动机舱的内部边角处，如图1-29所示。

图1-29　发动机舱内的熔断器盒

另一个熔断器盒一般在驾驶员侧中控台的最左边或者左下方，它管理着车内的用电器，如车窗升降器、安全气囊、电动座椅和点烟器等，如图1-30所示。

图1-30　驾驶员侧中控台的熔断器盒

通常情况下，在熔断器盒盖上注明各熔断器的名称、额定容量和位置，并用不同的颜色来区别熔断器的容量。熔断器盒盖和熔断器盒并排放在一起，可以较容易找到相应的熔断器，如图1-31所示。

安装熔断器有专用的夹子，其位置并不固定，可能在内熔断器盒里，也可能在外熔断器盒里，如图1-32所示。

图 1-31　熔断器盒和熔断器盒盖

图 1-32　熔断器专用夹子

任务四　导线的认识

一、导线的分类

按材料不同，导线可分为铜导线和铝导线。铜导线具有电阻率小、机械强度大等优点；铝导线有质量小、价格便宜的优点，但其机械强度低、较脆。汽车电路和移动电器接线一般用铜导线，固定电器接线则尽量采用铝导线。按所加电压不同，导线可分为低压导线和高压导线，高压导线用于传送高电压，如点火系统的高压线。按有无绝缘保护层，导线可分为裸线和绝缘线，裸线外面没有保护层，绝缘线外面有绝缘保护层。按绝缘材料不同，绝缘线又可分为聚氯乙烯（塑料）绝缘线和橡皮绝缘线。

二、导线的选择

1. 导线型号的选择及用途

对于低压交、直流配电线路，根据导线敷设的方法，其型号可参考表 1-5 进行选择。

表 1-5　常用导线的型号及主要用途

导线型号		额定电压/V	导线名称	主要用途	最小横截面积/mm²
铝线	铜线				
LJ	TJ	—	裸绞线	室外架空线	25
LGJ	—	—	钢芯铝绞线	室外大跨度架空线	—
BLV	BV	500	聚氯乙烯绝缘线	室内架空线或穿管敷设	2.5
BLX	BX	500	橡皮绝缘线	室内架空线或穿管敷设	2.5
BLXF	BXF	500	氯丁橡皮绝缘线	室内外敷设	—
BLVV	BVV	500	塑料护套线	室内固定敷设	—
—	RV	250	聚氯乙烯绝缘软线	250V 以下各种移动电器接线	0.5
—	RVS	250	聚氯乙烯绝缘绞型软线	250V 以下各种移动电器接线	0.5
—	RVV	500	聚氯乙烯绝缘护套软线	250V 以下各种移动电器接线	—

2. 导线横截面积的选择

我国的导线规格是以其截面积作为标称值。导线标称截面积是经过换算的线芯截面积，而不是实际的几何面积。一般根据电路的额定电压、工作电流和绝缘要求等选取导线截面积、绝缘层的类型。

对于短距离配电线路（200m 以内），常根据发热条件选择导线截面积，一般家庭、修理厂和汽车上的导线均按此方法选线。具体方法如下：由公式 $I = \dfrac{P}{U}$ 计算出该负载的工作电流，然后根据导线的允许电流等于或略大于计算电流，直接从表 1-6 中选择。

表 1-6　部分 500V 橡皮与塑料绝缘电力电缆载流量表　　　　　　　　　（单位：A）

导线截面积/mm²	成品外截面积/mm²	铜芯橡皮或塑料绝缘电力电缆				铝芯橡皮或塑料绝缘电力电缆			
		明敷（25℃）		穿塑料管（25℃）		明敷（25℃）		穿塑料管（25℃）	
		橡皮	塑料	2根（橡皮）	2根（塑料）	橡皮	塑料	2根（橡皮）	2根（塑料）
1.5	4.6	27	24	17	16	—	—	—	—
2.5	5.0	35	32	25	24	27	25	19	18
4	5.5	45	42	33	31	35	32	25	24
6	6.2	58	55	43	41	45	42	33	31
10	7.8	85	75	59	56	65	59	44	42
16	8.8	110	105	76	72	85	80	58	55
25	10.6	145	138	100	95	110	105	77	73

【例 1-3】 某修理厂的照明负载为额定电压 220V，额定功率 5kW，电源总线采用双芯塑料绝缘电线、穿塑料管，采用铝芯和铜芯时，分别应选择多大的导线截面积？

解： 电源总线上实际流过的最大电流为

$$I = P/U = 5000\text{W}/220\text{V} = 22.73\text{A}$$

直接查表 1-6 "铝芯橡皮或塑料绝缘电力电缆，穿塑料管（25℃），2 根（塑料）" 一栏，其中 24A＞22.73A 符合要求，对应导线的截面积为 4mm²。

直接查表 1-6 "铜芯橡皮或塑料绝缘电力电缆，穿塑料管（25℃），2 根（塑料）" 一栏，其中 24A > 22.73A 符合要求，对应导线的截面积为 2.5mm²。

三、汽车常用导线

汽车用导线有高压导线和低压导线两种，它们均采用铜质多芯软线，外层为绝缘层。绝缘层一般采用聚氯乙烯绝缘层或聚氯乙烯-丁腈复合绝缘层。

1. 低压导线

（1）导线的截面积　导线截面积主要根据其工作电流选择，但是对于一些工作电流较小的电器，为保证其具有一定的机械强度，汽车电器中导线截面积不得小于 0.5mm²。各种低压导线标称截面积所允许的负载电流见表 1-7。

表 1-7　低压导线标称截面积允许的负载电流值

导线标称截面积/mm²	1.0	1.5	2.5	3.0	4.0	6.0	10	13
允许电流值/A	11	14	20	22	25	35	50	60

标称截面积是经过换算而统一规定的线芯截面积，不是实际线芯的几何面积，也不是各股线芯几何面积之和。汽车 12V 电系主要线路导线标称截面积推荐值见表 1-8。

表 1-8　12V 电系主要线路导线标称截面积推荐值

标称截面积/mm²	用　　途
0.5	尾灯、顶灯、指示灯、仪表灯、牌照灯、刮水器、时钟、燃油表、冷却液温度表、油压表等电路
0.8	转向灯、制动灯、停车灯、断电器等电路
1.0	前照灯、电喇叭（3A 以下）电路
1.5	前照灯、电喇叭（3A 以上）电路
1.5～4.0	其他 5A 以上电路
4～6	柴油车电热塞电路
6～25	电源电路
16～95	起动电路

（2）导线的颜色　各国汽车厂商在电路图上多以字母（主要是英文字母）来表示导线外皮的颜色及其条纹的颜色。日本常用单个字母表示，个别用双字母，其中后一位是小写字母；我国标准大体上与此相同。美国常用 2～3 个字母表示一种颜色，如果导线上有条纹，则要书写较多字母。德国汽车导线颜色代号，各厂商甚至各牌号不尽一致。汽车用导线颜色代号见表 1-9。

表 1-9　汽车用导线颜色代号

颜色	中国	英国	美国	日本	本田现代	德国	奥迪 4、5、6 缸	帕萨特	奔驰	宝马	奥地利	法国
黑	B	Black	BLK	B	BLK	SW	sw	BK	BK	SWQ	B	BL
白	W	White	WHT	W	WHT	WS	ws	WT	WT	WS	C	W
红	R	Red	RED	R	RED	RT	ro	RD	RD	RT	A	R
绿	G	Green	GRN	G	GRN	GN	gn	GN	GN	GN	F	GN

(续)

颜色	中国	英国	美国	日本	本田现代	德国	奥迪 4、5、6缸	帕萨特	奔驰	宝马	奥地利	法国
深绿		Dark Green	DK GRN		DK GRN			DKGN				
浅绿		Light Green	LT GRN	Lg	LT GRN			LTGN				
黄	Y	Yellow	YEL	Y	YEL		ge	YL	YL	GE	D	Y
蓝	Bl	Blue	BLU	L	BLU	BL	bl	BU	BU	BL	I	BU
淡蓝		Light Blue	LT BLU	Lb	LT BLU			LTBU			K	
深蓝		Dark Blue	DK BLU	P	DK BLU			DKBU				
粉红	P	Pink	PNK	PU	PNK			PK	PK	RS	N	
紫	V	Violet	PPL	Or	PPL	VI	li	PL (YI)	VI	VI	G	VI
橙	O	Orange	ORN	Gr	ORN			OG		OR		
灰	Gr	Grey	GRY	Br	GRY		gr	GY	GY	GR		G
棕	Br	Brown	BRN		BRN		br	BN	BR	BR	L	
棕褐		Tan	TAN			BK		TN				Br
无色		Clear	CLR					CR				

另外，导线颜色要容易区别，如常用黑色、白色、红色、绿色、黄色、蓝色、灰色、棕色、紫色；其次用粉红色、橙色、棕褐色；再次为深蓝色、浅蓝色、深绿色、浅绿色。在导线上采用条纹标志要对比强烈，如黑白、白红等，双色线的主色所占比例大些，辅助色所占比例小些。辅助色条纹与主色条纹沿圆周表面的比例为1:5~1:3。双色线的标注第一色为主色，第二色为辅助色。我国规定汽车导线颜色的选用程序见表1-10。汽车电系各系统的主色见表1-11。

表1-10 导线颜色选用程序

选用程序	1	2	3	4	5	6
电线颜色	B	BW	BY	BR		
	W	WR	WB	WB	WY	WG
	R	RW	RB	RY	RG	RBl
	G	GW	GR	GY	GB	GBl
	Y	YR	YB	YG	YB	YW
	Br	BrW	BrR	BrY	BrB	
	Bl	BlW	BlR	BlY	BlB	BlO
	Gr	GR	GrY	GrBl	GrB	GrO

为了便于维修，低压导线常以不同的颜色加以区分。其中截面积在4mm²以上的采用单色，而4mm²以下的均采用双色。搭铁线均用黑色导线，见表1-11。

(3) 线束 为使全车线路规整、安装方便及保护导线的绝缘，汽车上的全车线路除高压线、蓄电池电缆和起动机电缆外，一般将同区域的不同规格的导线用棉纱或薄聚氯乙烯带缠绕包扎成束，称为线束。一辆汽车可以有多个线束。

表1-11 汽车电系各系统的主色

序 号	系统名称	主 色	颜色代号
1	电源系统	红	R
2	点火、起动系统	白	W
3	雾灯	蓝	Bl
4	灯光、信号系统	绿	G
5	防空灯及车身内部照明系统	黄	Y
6	仪表、报警系统、喇叭系统	棕	Br
7	收音机、电钟、点烟器等辅助系统	紫	V
8	各种辅助电动机及电气操纵系统	灰	Gr
9	搭铁线	黑	B

汽车线束在汽车电器中占用重要位置，尤其是近年来，随着汽车电器与电子设备的增多，线束总成的结构与电路也越来越复杂，因此对线束的结构、功能、适用性、可靠性都提出了更高的要求。

现代汽车的线束总成由导线、端子、插接器和护套等组成。端子一般由黄铜、纯铜、铅材料制成，它与导线的连接均采用冷铆压合的方法。线路间的连接采用插接器，现代汽车线束总成中有很多个插接器。为了保证插接器的可靠连接，其上都有一次锁紧、二次锁紧装置，极孔内都有对端子的限位和止退装置。为了避免装配和安装中出现差错，插接器还可制成不同的规格型号、不同的形状和颜色，这样不但拆装方便，而且不会出现差错。

安装汽车线束时，一般都事先将仪表板和车灯总开关、点火开关等连接好，然后将其安装到汽车上。

安装线束时的注意事项如下：

1）线束应用卡簧或绊钉固定，以免松动磨坏。

2）线束不可拉得过紧，尤其在拐弯处更要注意，在绕过锐角或穿过金属孔时，应用胶布或套管保护，否则容易磨坏线束而发生短路、搭铁，并有烧毁全车线束，酿成火灾的危险。

3）连接电器时，应根据插接器的规格以及导线的颜色或插头处套管的颜色，分别接于电器上。当不易辨别导线的头尾时，一般可用试灯区分，最好不用刮火法。

2. 高压导线

在汽车点火线圈至火花塞之间的电路使用高压点火线，简称高压线。高压线分为普通铜芯高压线及高压阻尼点火线，带阻尼的高压线可抑制和衰减点火系统产生的高频电磁波，降低对无线电设备及电控装置的干扰。

由于点火系统高压线的工作电压一般在15kV以上，电流小，因此，高压导线绝缘包层厚、耐压性能好、线芯截面积较小。国产汽车用高压导线有铜芯线和阻尼线两种。高压阻尼线的线芯采用聚氯乙烯树脂、癸二酸二辛酯等有机材料配制而成，又称半导体塑芯高压线。线芯具有一定的阻值，具有低电磁辐射的特点，可减少点火系统的电磁波公害。

实训需要的工具及其数量见表1-12。

表1-12　工具明细

件　号	名　称	型号及规格	数　量
1	数字万用表	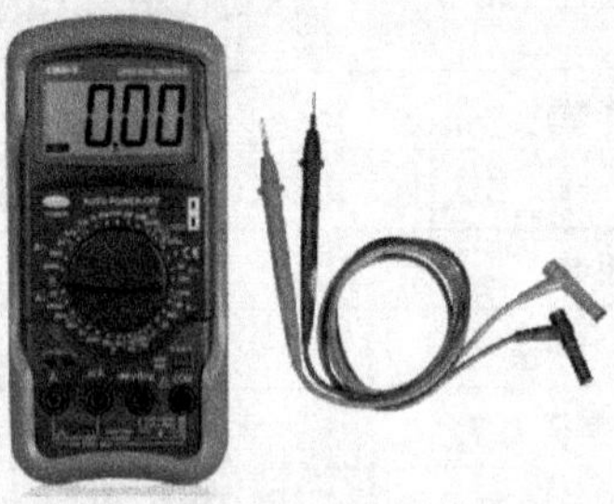	1台
2	导线		若干
3	熔丝	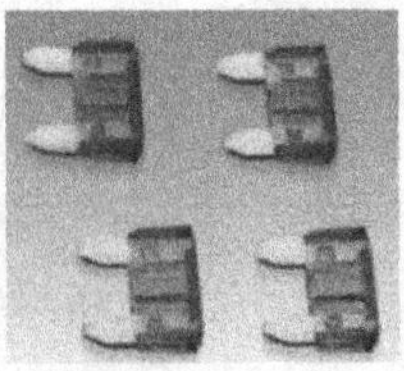	若干
4	电阻	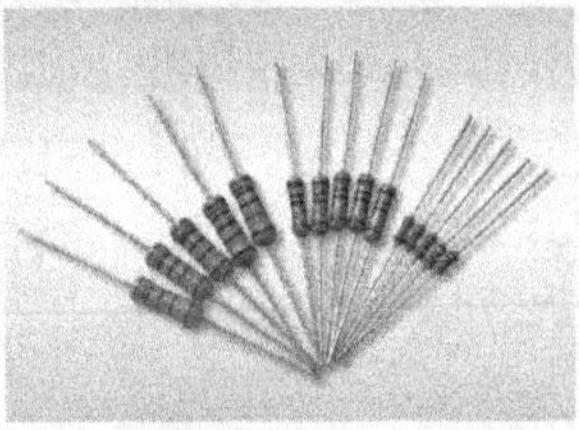	若干
5	剥线钳	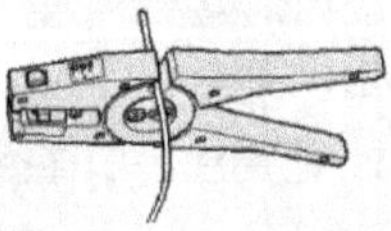	1把

实训操作一　万用表的使用

1. 数字万用表 UT55 的使用方法

（1）面板说明　UT55 型万用表如图 1-33 所示，它包括 LCD 显示屏、电源开关、功能量程旋钮开关、电容测试座、电流输入端、测量 mA 输入端、温度测试座、晶体管测试座、COM 测量输入端、测量 ⟶ VΩHz 输入端。

如图 1-34 所示，数字万用表设有各种不同的测量模式和量程，不同的测量功能可通过功能量程旋钮开关进行选择。包括以下十个档位：

1）Ω：测量电阻阻值。包括 200Ω、2kΩ、20kΩ、200kΩ、2MΩ、20MΩ 和 200MΩ 七种档位。

2）V ⎓：直流电压档。包括 200mV、2V、20V、200V 和 1000V 五个档位。

3）V ~：交流电压档。包括 2V、20V、200V 和 750V 四个档位。

4）A ⎓：直流电流档。包括 2mA、20mA、200mA 和 20A 四个档位。

5）A～：交流电流档。包括 20mA、200mA 和 20A 三个档位。

6）F：测量电容档。包括 2n、20n、200n、2μ 和 20μ 五个档位。

7）▶︎▏：二极管测量，短路测量。

8）Hz：测量频率档，20kHz。

9）hFE：测量晶体管档位。

10）℃：测量温度档位。

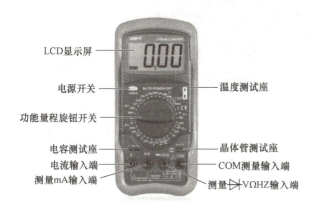

图 1-33　UT55 型数字万用表　　　　图 1-34　万用表的档位

（2）使用方法　测量导线的插孔位于数字万用表的侧面，共有四个插孔，如图 1-35 所示，从右向左依次是：

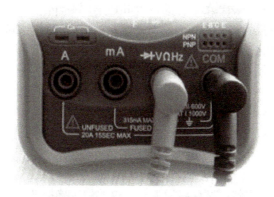

图 1-35　测量 ▶︎▏ VΩHz 的红、黑表笔连接方法

第一个是所有测量模式的通用插孔，称为 COM 插孔。在测量电阻、电压、电流、二极管和频率时，除了电阻，对其他测量量来说，该插孔用于负极测量导线，该万用表所配的黑色表笔插在此插孔中。

第二个是 ▶︎▏ VΩHz 插孔，在测量电阻、电压、电流、二极管和频率时，除了电阻，对其他测量量来说，该插孔用于正极测量导线，该万用表所配的红色表笔插在此插孔中。

第三个是电流 mA 测试插孔，在测量 mA 级小电流时，需要把红色表笔插在这个插孔中进行测量。

第四个是电流 A 插孔，在测量 A 级的大电流时，需要把红色表笔插在这个插孔中进行测量。

测量 mA 级电流时正确的连接方法如图 1-36 所示，在进行该量程的测量时，功能量程旋钮开关必须设置在 20A 的位置。

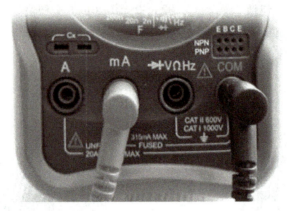

图 1-36　测量 mA 级电流时红、黑表笔的连接方法

(3) 测量时的注意事项

1) 测量前，先检查红、黑表笔连接的位置是否正确。红色表笔接到红色接线柱或标有"+"号的插孔内，黑色表笔接到黑色接线柱或标有"-"号的插孔内，不能接反，否则在测量直流电量时会因正、负极反接而损坏表头部件。

2) 在表笔连接被测电路之前，一定要查看所选档位与测量对象是否相符，若误用档位和量程，不仅得不到正确的测量结果，还会损坏万用表。在此提醒初学者，万用表损坏往往就是上述原因造成的。

3) 测量时，手指不要触及表笔的金属部分和被测元器件。

4) 测量中若需转换量程，必须在表笔离开电路后才能进行，否则，选择开关转动产生的电弧易烧坏选择开关的触点，造成接触不良的事故。

5) 在实际测量中，经常要测量多种电量，每次测量前，应根据测量任务把选择开关转换到相应的档位和量程。

6) 测量完毕，功能开关应置于交流电压最大量程档。

2. 万用表的实训操作

(1) 测量电流

1) 测量电流时请参照以下注意事项：

① 开始测量前，必须先将测试导线插入测试仪器的正确插孔中。

② 如果不确定待测电流的范围，则将负荷可能最高的待测装置连接至测试仪器的插孔中。

③ 如果经过计算，预估出待测电流超出测试仪器的负荷，则必须使用电流夹钳。

④ 测量前，必须将待测量程设置为电流量程。

⑤ 如果不确定待测电流的范围，则开始测量时先选最大量程，然后切换到尽可能小的量程，以确保测量精度。

⑥ 将电流表串联到电路中的任意位置。

2) 在图 1-37 中画出测量电流时万用表的正确连接方式。

(2) 测量电压

1) 测量电压时请参照以下注意事项：

① 开始测量前，必须先将测试导线插入测试仪器的正确插孔中。

② 测量前，必须将待测量程设置为电压量程。
③ 如果不确定待测电压的范围，则开始测量时先选用最大量程，然后切换到尽可能小的量程，以确保测量精度。
④ 必须在电路有负荷的情况下测量电压。
⑤ 测量电压时，万用表应与待测元器件并联。

2）在图 1-38 中画出测量灯泡上的电压时万用表的正确连接方式。

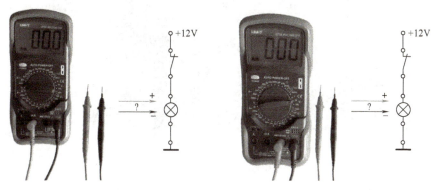

图 1-37　测量电流　　　　　　　图 1-38　测量电压

（3）测量电阻

1）观察导线电阻对灯泡亮度的影响。电路包括电源、灯泡和导线，导线分成三种不同的导线，接通电路观察灯泡的亮度，如图 1-39 所示。

2）测量电阻时请参照以下注意事项：
① 开始测量前，必须先将测试导线插入测试仪器的正确插孔中。
② 务必在无电流和无电压的状态下测量电阻。
③ 电路必须断开，否则将会并联测量其他电路上的电阻。
④ 为了得到准确的测量值，务必选择尽可能小的量程。

3）在图 1-40 中画出测量灯泡上电阻时万用表的正确连接方式。

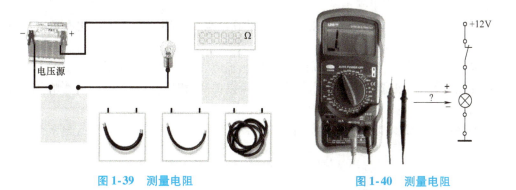

图 1-39　测量电阻　　　　　　　图 1-40　测量电阻

实训操作二　熔断器的检测和更换

1. 熔断器的检测

1）先将数字万用表调到电阻档 200Ω，红、黑表笔对接，进行调零。

2) 用数字万用表电阻档测量熔断器的电阻值，如果测出的电阻值小于1Ω，则熔断器没有烧坏，如图1-41所示；如果电阻值显示"1"，为无穷大，则说明熔断器烧坏。

图1-41　用万用表测量熔断器

2. 熔断器的更换

汽车在使用过程中，当有电气设备不工作时，如果是由熔断器烧毁所致，需及时更换。更换步骤为：

（1）找到熔断器盒的位置　关闭点火开关，找到熔断器盒。驾驶室内的熔断器盒一般位于中控台靠近车门的一侧或在转向盘的下面；发动机舱内的熔断器盒一般在车辆的发动机舱边缘。

（2）查阅熔断器对照表找到熔断器位置　按熔断器盒盖内的熔断器对照表，找到熔断器在车内的实际位置。

（3）更换熔断器　使用汽车配备的专用工具拔出损坏的熔断器，然后换上备用的新熔断器即可。目前，车辆使用的插片式熔断器没有正、负极之分，因此在更换熔断器时只要注意熔断器的大小和额定电流就可以了。

更换熔断器时的注意事项：

1）必须按照熔断器盒盖上注明的额定电流值更换熔断器，不要改用比额定电流高的熔断器。

2）如果新熔断器又立刻熔断，则说明电路系统可能存在故障，应尽快检修。

3）在没有备用熔断器的情况下，紧急时，可以更换为对驾驶及安全没有影响的其他设备上的熔断器。

4）如果不能找到具有相同电流负荷的熔断器，则可采用比原熔断器额定电流低的熔断器代替。

实训操作三　导线的连接

1. 剥线钳的使用

剥线钳用来剥削直径为3mm及以下的绝缘导线的塑料或橡胶绝缘层，它由钳口和手柄两部分组成。剥线钳钳口上有0.5~3mm多个直径切口，用于与不同规格线芯的直径相匹配。剥线钳也装有绝缘套，其外形如图1-42所示。

图 1-42 剥线钳

剥线时，切口过大，则难以剥离绝缘层；切口过小，则会切断线芯。为了不损伤线芯，线头应放在稍大于线芯的切口上剥削。在使用剥线钳之前，必须保证绝缘手柄的绝缘性能良好，以保证带电作业时的人身安全，严禁用刀口同时剪切相线和零线，或同时剪切两根相线，以免发生短路事故。

2. 导线的连接方法

以用单个压接器维修 $0.22mm^2$ 导线为例来说明导线的连接。如图 1-43 所示，其工作步骤如下：

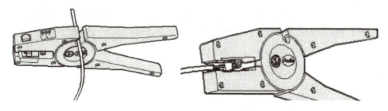

图 1-43 用剥线钳剥线

1）维修时，将指定的导线相对维修部位两侧剥开约 20cm。
2）必要时用刀割开导线束的缠绕物。
3）用剥线钳切断导线损坏段。
4）将剥线钳钳口内可移动的限位块调整到 12~14mm 作为剥线的长度。
5）从前面将导线端部插入钳口内至挡块处，然后将钳子完全压到一起。
6）打开钳子并取出剥落的导线端部。
7）对折已剥下绝缘层的线端。
8）维修 $0.22mm^2$ 导线时，从导线束维修套件- VAS1978B- 中取出一个小的透明压接器。
9）压紧压接器时使用缩口钳- VAS1978/1-2- 及更换头 $0.35mm^2$-$2.5mm^2$- VAS 1978/1-1- 。
10）将小的透明压接器推到剥离外皮的汽车本身的单线导线端部并用压接钳挤压，如图 1-44 所示。

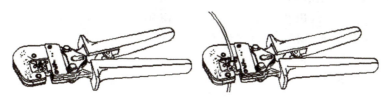

图 1-44 压接钳

注意：不能将导线绝缘层一起挤压。

11）挤压连接后，必须用热风机使挤压插接器收缩变形，以免潮气渗入。

12）用热风机沿纵向从中部向外侧加热挤压插接器，直至其完全密封，如图1-45所示。

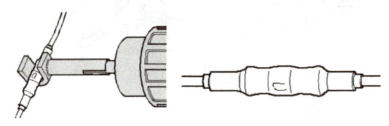

图1-45　热风机加热挤压插接器

注意：

1）有多根导线需要维修时，不要让它们压接在一起，为确保导线束外围不过大，应略微错开布置挤压插接器。

2）如果维修部位被缠绕物缠绕着，则维修后必须用黄色胶带重新缠绕这个部位。

3）必要时用电缆扎带固定维修后的导线束，以免行驶期间发出噪声。

课后测评

一、填空题

1. 在实际电路中，负载电阻往往不止一个，而且需要按照一定的连接方式把它们连接起来，最基本的连接方式是_____、_____和_____。

2. 把一只110V、9W的指示灯接在380V的电源上，应串联_____Ω的电阻，串接电阻的功率为_____W。

3. 电路中常用的四个主要的物理量分别是_____、_____、_____和_____。它们的符号分别是_____、_____、_____和_____。

4. 导线截面积的选择主要根据导线的_____。但对一些较小的电器，为保证有一定的机械强度，导线截面积不得小于_____。

5. 熔断器在电路中起_____作用。通常情况下，将很多熔断器组合在一起安装在_____内。

二、选择题

1. 直流电的文字符号为（　　）。
   A. AC　　　　　　B. VC　　　　　　C. DC

2. 电流的方向规定为（　　）移动的方向。
   A. 负电荷　　　　B. 负离子　　　　C. 正电荷

3. 电阻串联后总电阻（　　）。
   A. 增大　　　　　B. 减小　　　　　C. 不变

4. 电流总是从高电位流向低电位，这一结论适用于（　　）。
   A. 外电路　　　　B. 内电路　　　　C. 全电路

5. 某电阻两端电压为40V，通过电阻的电流为0.5A，则导体的电阻为（　　）Ω。

A. 80　　　　　　B. 600　　　　　　C. 200

6. 一只电阻的阻值为3Ω，另一只为6Ω，将两电阻并联起来，其电阻值为（　　）Ω。

A. 4　　　　　　B. 2　　　　　　C. 1

7. 我国使用的工频交流电的频率为（　　）Hz。

A. 45　　　　　　B. 60　　　　　　C. 50

8. 插片式熔断器负载电流为额定电流的350%时，熔断时间应不大于（　　）s。

A. 1　　　　　　B. 0.5　　　　　　C. 0.1　　　　　　D. 0.08

三、简答题

1. 如图1-46所示，电源电动势 $E=24\text{V}$，内电阻 $R_0=0.5\Omega$，外电阻 $R=11.5\Omega$，求电路中的电流 I 及电阻 R 两端的电压 U。

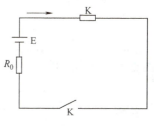

图1-46　第1题图

2. 电位与电压有什么区别？

项目二

磁路及磁路元件的检测

学习目标

目标类型	目标要求
知识目标	1. 掌握磁场、磁路、磁感应强度、磁通、磁场强度等概念 2. 掌握电磁铁的结构和类型 3. 掌握电磁继电器的结构和工作原理 4. 掌握变压器的结构和工作原理
技能目标	1. 能举出并解释汽车上电磁铁的应用实例 2. 会检测电磁继电器是否正常 3. 会读变压器铭牌上的各种参数

项目描述

通过对磁场及磁路元件的检测，掌握磁路中基本物理量的概念，掌握电磁铁、继电器和变压器的结构和工作原理，并能够进行电磁感应和带电导体在磁场中运动的试验以及检测继电器。

任务一　磁场及磁路的认识

一、磁场的基本物理量

在电磁器件中，通常利用通电线圈来建立磁场，并且使线圈绕在闭合的或接近闭合的铁心上。下面简要介绍描述磁场的几个物理量。

1. 磁感应强度

磁感应强度是反映磁场性质的参数，它的大小反映磁场的强弱，它的方向就是磁场的方向。

一载流导体在磁场中受电磁力的作用，如图2-1所示。电磁力的大小就与磁感应强度 B、电流 I、垂直于磁场的导体有效长度 L 成正比，即

$$F = BIL\sin\alpha \tag{2-1}$$

式中 α——磁场与导体的夹角。

磁感应强度 B 的单位是特斯拉（T），工程上也曾用高斯（Gs）。两个单位的关系是 $1Gs = 10^{-4}T$。若 $\alpha = 90°$，则

$$F = BIL \quad (2-2)$$

电磁力的方向可用左手定则来确定。

2. 磁通

磁感应强度（B）和垂直于磁场方向的某一面积（S）的乘积称为该截面的磁通（Φ）。若磁场为匀强磁场，则 Φ 的大小为

$$\Phi = BS \quad (2-3)$$

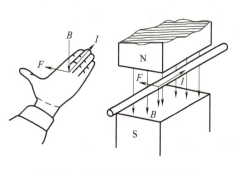

图 2-1 载流导体受电磁力作用

磁通的单位为韦伯（Wb），工程上过去常用麦克斯韦（Mx），两个单位的关系是 $1Mx = 10^{-8}Wb$。

3. 磁导率 μ

磁导率 μ 是用来衡量磁介质磁性性能的物理量。如图 2-2 所示，一直导体通电后在其周围产生磁场，在导体附近一处 X 点的磁感应强度 B 与导体中的电流 I 及 X 点所处空间几何位置、磁介质的 μ 有关。其公式为

$$B_X = \mu \frac{I}{2\pi r} \quad (2-4)$$

由式（2-4）可知，磁导率 μ 越大，在同样的导体电流和几何位置下，磁场越强，磁感应强度 B 越大，磁介质的导磁性能越好。不同的介质，其磁导率 μ 也不同。例如，真空中的磁导率 $\mu_0 = 4\pi \times 10^{-7} H/m$，一般磁介质的磁导率 μ 与真空中磁导率 μ_0 的比值，称为相对磁导率，用 μ_r 表示，即

$$\mu_r = \frac{\mu}{\mu_0} \quad (2-5)$$

磁导率 μ 的单位为亨/米（H/m）。

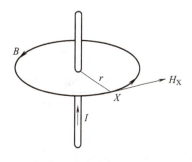

图 2-2 直导体周围的磁场

根据相对磁导率不同，可以把材料分成三大类：第一类材料的 μ_r 略小于 1，称为逆磁材料，如铜、银等；第二类材料的 μ_r 略大于 1，如各类气体、非金属材料、铝等，这两类材料的相对磁导率 μ_r 约等于 1，所以常统称为非铁磁性材料；第三类为铁磁性物质，如铁、钴、镍及其合金等，它们的磁导率很高，相对磁导率 μ_r 远远大于 1，可达几百到上万，所以电气设备如变压器、电机都将绕组套装在用铁磁性材料制成的铁心上。

需要注意的是，铁磁性物质的磁导率 μ 是一个变量，它随磁场的强弱而变化。

4. 磁场强度 H

磁场强度 H 也是磁场的一个基本物理量。磁场内某点的磁场强度 H 等于该点的磁感应强度 B 除以该点的磁导率 μ，即

$$H = \frac{B}{\mu} \quad (2-6)$$

磁场强度 H 的单位为安/米（A/m）。由图 2-2 可知，X 点的磁场强度 H_X 为

$$H_X = \frac{B_X}{\mu} = \frac{I}{2\pi r} \quad (2-7)$$

由此可见,磁场强度的大小取决于电流的大小、载流导体的形状及几何位置,而与磁介质无关。H 和 B 同为矢量,H 的方向就是该点 B 的方向。在后面学到的磁路问题中,常常用到磁场强度这个物理量。

二、铁磁性材料

1. 铁磁性材料的特点

由前面所学磁导率知识可知,不同的物质其磁导率不同,其中铁磁性材料的磁导率很高,而且有磁饱和现象和磁滞性,具体分析如下。

(1) 高导磁性　磁性材料的磁导率通常都很高,即 $\mu_r \gg 1$（如坡莫合金,其 μ_r 可达 2×10^5）。磁性材料能被强烈地磁化,具有很高的导磁性。

磁性物质的高导磁性被广泛地应用于电工设备中,如电机、变压器及各种铁磁元件的线圈中都放有铁心。在这种具有铁心的线圈中通入不太大的励磁电流,便可以产生较大的磁通和磁感应强度。

铁磁性物质之所以具有高导磁性,是因为其内部分子电流形成很多微小磁场,称为磁畴。如图 2-3 所示,在没有外磁场作用时,这些磁畴杂乱无章地分布,磁性相互抵消,对外不显磁性。当有外磁场作用时,这些磁畴逐步转向外磁场方向,相互叠加形成一个很强的附加磁场,从而使铁磁性物质内部具有很强的磁性。

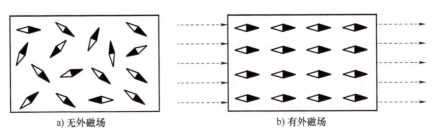

a) 无外磁场　　　　b) 有外磁场

图 2-3　磁化现象

铁磁性物质的磁化曲线可以用磁感应强度 B 随外磁场强度 H 的变化关系来表征。它可用试验的方法获得,并绘成如图 2-4 所示的 $B\text{-}f(H)$ 曲线。

磁化曲线大致可分为三段：Oa 段、ab 段和 bc 段。在 Oa 段,已知 $B = \mu H$,斜率即为磁导率 μ,由于铁磁性材料的磁导率 μ 很大,从图中也可以看出随着磁场强度 H 的增大,磁感应强度 B 增加得很快,磁化曲线是斜率很大的直线段,这说明铁磁性物质具有高导磁性。正是由于铁磁性物质的高导磁性,许多电气设备的线圈都绕制在铁磁性材料上,以便用较小的励磁电流（与 H 有关）产生较大的磁场、磁通。

例如,变压器的一次、二次绕组就绕制在由铁磁性材料（硅钢片）构成的铁心上,同时也减小了设备的体积、重量。

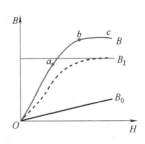

图 2-4　磁化曲线

B_J—磁场内磁性物质的磁化磁场的磁感应强度曲线
B_0—磁场内不存在磁性物质时的磁感应强度
注：B_J 曲线和 B_0 直线的纵坐标相加即磁场的 $B\text{-}H$（磁化）曲线

（2）磁饱和性　磁性物质由于磁化所产生的磁化磁场不会随着外磁场的增强而无限地增强。当外磁场增大到一定程度时，磁性物质的全部磁畴的磁场方向都转向与外部磁场方向一致，磁化磁场的磁感应强度将趋向某一定值。

如图2-4所示，在 ab 段，磁感应强度 B 已经很高，B 的增加就变得缓慢了，也就是说铁心开始进入饱和状态，这段称为磁化曲线的膝部。电机、变压器等铁心的磁感应强度 B 多数选择在这个部位，以便充分利用铁磁性物质的高导磁性。b 点称为饱和点。而在 bc 段，B 随 H 增加得极少，这时铁磁性物质处于饱和状态。

由此可知，铁磁性物质的 B 和 H 的关系为非线性的，故其磁导率是个变量。铁磁性材料未饱和时磁导率 μ 大，而越趋于饱和，磁导率 μ 越小。

（3）磁滞性　磁滞性是指磁性材料中磁感应强度 B 的变化总是滞后于外磁场的变化。磁性材料在交变磁场中反复被磁化，其 B-H 曲线是一条回形闭合曲线，称为磁滞回线，如图2-5所示。

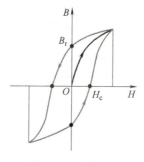

图2-5　磁滞回线

图2-5中 H_c 称为矫顽磁力，其对应点的磁感应强度 $B=0$；B_r 称为剩磁，其对应点的磁场强度 $H=0$。

磁性材料的磁滞回线中，磁感应强度 B 滞后于磁场强度 H 的变化的性质称为磁性材料的磁滞性。

磁性材料在反复磁化过程中产生的损耗称为磁滞损耗，它是导致磁性物质发热的原因之一，对电机、变压器等电气设备的运行不利。因此，常采用磁滞损耗小的铁磁材料做它们的铁心。通常磁滞回线所围出的面积越小，其铁心中的磁滞损耗就越小。通过试验可知，不同的磁性材料，其磁化曲线和磁滞回线都不一样。

2. 磁性材料分类

按照磁滞回线的形状以及在工程中的用途不同，磁性材料可分为三大类，分别为软磁材料、硬磁材料和矩磁材料。三种材料的特点分别如下。

软磁材料的磁导率 μ 高，磁滞回线狭窄、面积小，磁滞损耗小。软磁材料还分为用于高频和低频两种。用于高频的软磁材料要求具有较大的电阻率，以减小高频涡流损耗。常用的有铁氧体，如半导体收音机中的磁棒和中周变压器的铁心就是用的软磁铁氧体材料。用于低频的软磁材料有铸钢、硅钢、坡莫合金等，一般电机、变压器的铁心都是用硅钢片叠成的。

硬磁材料的磁滞回线较宽，面积大，磁滞损耗大，其剩磁和矫顽磁力均较大。这类材料在磁化后能保持很强的剩磁，适合制作永久磁铁。常用的有铝镍钴合金、钴钢等。在磁电式仪表、电声器材、永磁发电机等设备器材中所用的磁铁就是硬磁材料制成的。

矩磁材料的特点为受到较小的外磁场作用时，就能磁化达到饱和程度；当外磁场消失后，仍能保持磁性。另外，其磁滞回线的形状几乎为矩形，见表 2-1。例如，计算机中的存储磁芯就是用矩磁材料制成的。

表 2-1 铁磁物质分类

分 类	磁滞回线	特 点	用 途
软磁材料	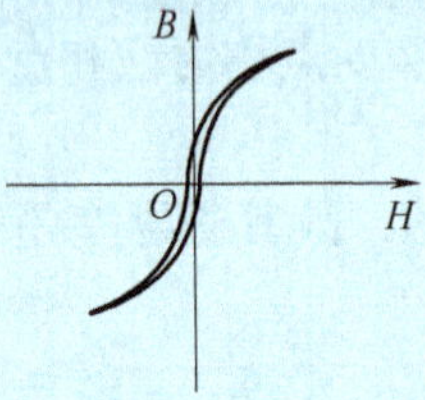	磁导率高，易磁化也易去磁，磁滞回线较窄，磁滞损耗小	硅钢、铸钢、铁镍合金等电机、变压器、继电器铁心高频半导体收音机中的磁棒
硬磁材料	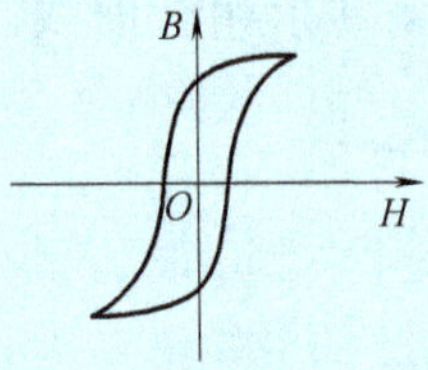	磁滞回线很宽，不易磁化，也不易去磁，一旦磁化后能保持很强的剩磁，适合制作永久磁铁	碳钢、钴钢等磁电式仪表、扬声器中的磁钢，永久磁铁
矩磁材料	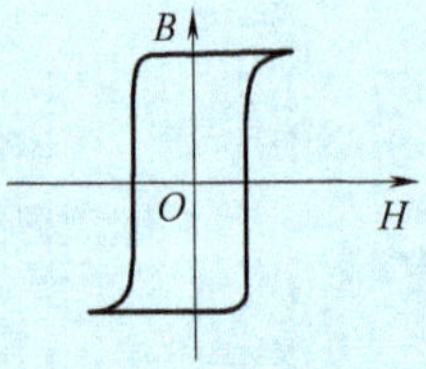	磁滞回线的形状如同矩形。在很小的外磁场作用下就能磁化，一经磁化便达到饱和值；去掉外磁，磁性仍能保持在饱和值。主要用来做记忆元件	锰镁铁氧体磁带、计算机中存储器的磁心

三、磁路的欧姆定律

通电线圈的铁心为磁性物质。由于磁性物质的磁导率远大于空气的磁导率，使铁心内磁通远大于空气中的漏磁通，忽略空气漏磁通可近似认为通电线圈磁场几乎全部集中在铁心内，这种集中在一定路径内的磁场称为磁路，如图 2-6a 所示。显然磁路的形状取决于铁心的形状，几种电磁设备的磁路如图 2-6b、c、d 所示。

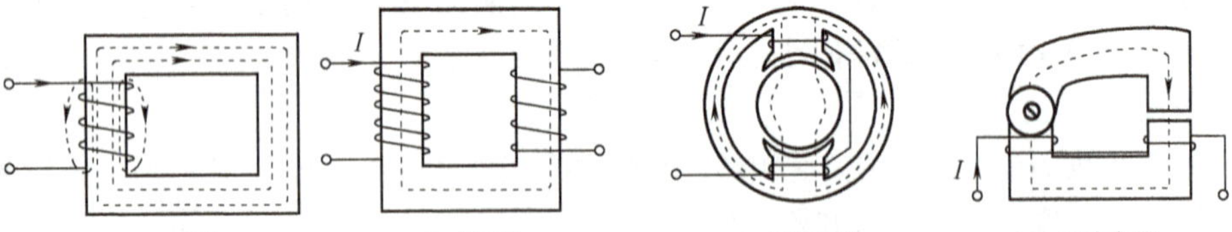

a) 磁路　　b) 变压器　　c) 电动机　　d) 继电器

图 2-6 不同的磁路

对于圆环形铁心，当圆环半径较小时，可近似认为圆环内磁场为均匀磁场，则其内部磁通为

$$\Phi = BS = \mu HS = \frac{\mu SNI}{l} = \frac{NI}{l/\mu S} = \frac{NI}{R_m} = \frac{F}{R_m} \tag{2-8}$$

式中　l——磁路的平均长度；

　　　S——磁路的截面积；

$F = NI$——磁动势；

R_m——磁阻。

磁动势和磁阻分别对应电阻元件在电路中的电动势和电阻，磁通对应电流，两个关系式相似，故称此式为磁路欧姆定律。

磁路欧姆定律在形式上与电路欧姆定律非常相似，两者的对照见表 2-2。

表 2-2 磁路与电路对照表

电 路	磁 路
电流 I	磁通 Φ
电压 U	磁位差 U_m
电动势 E	磁动势 F（UI）
电阻 R	磁阻 $R_m = \dfrac{l}{\mu S}$
电流密度 J	磁感应强度 B
电导率 r	磁导率 μ
欧姆定律 $I = U/R$	欧姆定律 $\Phi = U_m/R_m$
基尔霍夫定律 $\sum I = 0$ $\sum U = \sum E$	基尔霍夫定律 $\sum \Phi = 0$ $\sum Hl = \sum NI$

任务二　电磁铁的认识

电磁铁是通电后能产生电磁的一种装置。在铁心的外部缠绕与其功率相匹配的导电绕组，这种通有电流的线圈像磁铁一样具有磁性，它也叫做电磁铁（Electromagnet）。它由励磁绕组、铁心和衔铁组成，如图 2-7 所示。工作时，电流通入励磁绕组产生磁场，使铁心和衔铁都被磁化，衔铁受到电磁力的作用与铁心吸合，而电磁铁的衔铁可带动其他机械零件或触点动作，实现各种控制和保护。断电时，磁场消失，衔铁在弹性力的作用下释放。

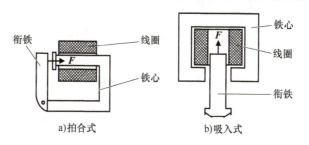

图 2-7　电磁铁

通常把电磁铁制成条形或蹄形，以使铁心更容易磁化。另外，为了使电磁铁断电后立即消磁，往往采用消磁较快的软铁或硅钢材料来制做电磁铁。这样的电磁铁在通电时有磁性，断电后磁性就随之消失。电磁铁在日常生活中有着极其广泛的应用，由于它的发明，也使发电机的功率得到了很大的提高。

一、电磁铁的磁场

1. 电磁铁的磁场强弱

在通电螺线管内部插入铁心后,铁心被通电螺线管的磁场磁化。磁化后的铁心也变成了一个磁体,这样由于两个磁场互相叠加,从而使螺线管的磁性大大增强。为了使电磁铁的磁性更强,通常将铁心制成蹄形。但要注意,蹄形铁心上线圈的绕向相反,一边沿顺时针方向,则另一边必须沿逆时针方向。如果绕向相同,两线圈对铁心的磁化作用将相互抵消,使铁心不显磁性。另外,电磁铁的铁心用软铁制成,而不能用钢。否则,钢一旦被磁化后,将长期保持磁性而不能退磁,则其磁性的强弱就不能用电流的大小来控制,而失去了电磁铁应有的优点。

电磁铁是可以通电流来产生磁力的器件,属非永久磁铁,可以很容易启动或消除其磁性。例如,大型起重机利用电磁铁将废弃车辆抬起。

一般而言,电磁铁所产生的磁场与电流大小、线圈圈数及中心的铁磁体有关。在设计电磁铁时,会注重线圈的分布和铁磁体的选择,并利用电流的大小来控制磁场。由于线圈的材料具有电阻,这限制了电磁铁所能产生的磁场大小,但随着超导体的发现与应用,将有机会超越现有的限制。

2. 电磁铁的磁场方向

电磁铁的磁场方向可以用<u>安培定则</u>来判断。安培定则是表示电流和电流激发磁场的磁感线方向间关系的定则,也叫右手螺旋定则。

<u>通电螺线管中的安培定则</u>:用右手握住通电螺线管,使四指弯曲与电流方向一致,那么大拇指所指的那一端是通电螺线管的 N 极。

电磁铁有许多优点:电磁铁的磁性有无可以用通、断电流控制;磁性的大小可以用电流的强弱或线圈的匝数多少来控制,也可通过改变电阻控制电流大小来控制磁性大小;磁极可以由改变电流的方向来控制等。也就是说,电磁铁磁性的强弱可以改变,磁性的有无可以控制,磁极的方向可以改变,磁性可因电流的消失而消失。

电磁铁是电流磁效应(电生磁)的一个应用,与生活联系紧密,如电磁继电器、电磁起重机、磁悬浮列车、电子门锁、智能通道匝和电磁流量计等。

二、电磁铁的分类

电磁铁根据其线圈中通过的电流不同,可分直流电磁铁和交流电磁铁两大类。

1. 直流电磁铁

(1) <u>直流电磁铁的吸力</u>　直流电磁铁的励磁电流是直流。可以证明,直流电磁铁衔铁所受的吸力 $F(\text{N})$ 为

$$F = 4B_0^2 S \times 10^5 \tag{2-9}$$

式中　B_0——空气隙的磁感应强度(Wb/m^2);

S——空气隙磁场的截面积(m^2)。

(2) <u>直流电磁铁的特点</u>　直流电磁铁采用直流电流励磁,铁心中的磁通恒定,没有感应电动势产生,因而线圈的励磁电流由电源电压和线圈内阻决定。如果电源电压和线圈内阻不变,则励磁电流不变,所以磁动势 NI 也不变。因此,直流电磁铁具有以下特点:①线圈中的直流励磁电流只取决于电源电压和线圈电阻,是不变的;②直流电磁铁在衔铁吸合过程中气隙是逐渐变小的,磁路中的磁阻也逐渐变小。

根据磁路欧姆定律（$\Phi = NI/R_m$）可知，励磁电流不变时，磁通与磁阻成反比，在衔铁吸合过程中磁通逐渐变大。由此说明，直流电磁铁吸力 F 的大小与衔铁所处空间位置有关，电磁铁在起动（开始吸合）时的吸力，要比工作时（吸合后）的吸力小很多。

直流电磁铁是线圈接直流电，由于其电压、电流恒定，在线圈两端没有感应电动势。由于线圈电阻 R 很小，当电源电压 U 很大时，直流铁心线圈中的电流 I 很大，可能因过热而造成线圈损坏。

2. 交流电磁铁

当交流电磁铁的铁心线圈通入正弦交流电时，铁心中便产生交变磁通，线圈的端电压和铁心中的磁通有以下关系

$$U = 4.44 f N \Phi_m \tag{2-10}$$

式中　f——外加励磁交流电的频率（Hz）；
　　　N——铁心线圈的匝数；
　　　Φ_m——铁心中磁通的最大值（Wb）；
　　　U——外加电源电压的有效值（V）。

由式（2-10）可看到，当电源频率和线圈匝数一定时，铁心中磁通的最大值与电源电压的有效值成正比。当电压有效值不变时，铁心中磁通的最大值也保持恒定不变，与磁路无关。

（1）**交流电磁铁的吸力**　交流电磁铁是用交流电励磁的，气隙中的磁感应强度随时间而变化，所以交流电磁铁的吸力也要随时间而变化。一般计算时，只考虑其平均值（平均吸力是最大吸力的一半），其计算公式为

$$F_{av} = 2 B_m^2 S \times 10^5 \tag{2-11}$$

式中　B_m——空气隙磁感应强度的最大值（Wb/m²）；
　　　S——空气隙磁场的截面积（m²）；
　　　F_{av}——电磁铁的平均吸力（N）。

（2）**短路环**　由以上分析可知，交流电磁铁的吸力随时间在零与最大值之间变化，因而衔铁要发生振动而引起噪声。

在铁心的端面上嵌装一个叫做短路环（又称分磁环）的闭合铜环，可以有效地消除这种噪声，如图 2-8 所示。短路环将原来铁心中的磁通 Φ 分成 Φ_1 和 Φ_2 两部分，Φ_2 穿过短路环，在短路环中产生感应电流，感应电流阻碍 Φ_2 的变化，使磁通 Φ_1 和 Φ_2 产生相位差。这样一来，穿过空气隙的磁通就不会同时为零，吸力也就不会中断，从而减弱了衔铁的振动、减少了噪声。

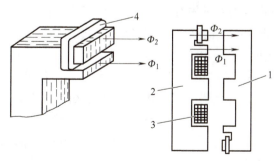

图 2-8　交流电磁铁的短路环

1—衔铁　2—铁心　3—线圈　4—短路环

(3) 交流电磁铁的特点

1) 在衔铁吸合过程中，交流电磁铁吸力 F 的大小基本不变。交流电磁铁磁路中，磁通与磁路选用的材料、空气隙的大小没有关系，只由交流电压的大小和频率决定。

2) 交流电磁铁的励磁电流（有效值）在吸合前后将有很大的变化。

交流电磁铁吸合前后的空气隙不同，使磁阻不同。交流电磁铁在起动（开始吸合）时的电流要比工作时（吸合后）的电流大很多。

由试验可知，U 形电磁铁衔铁打开时的励磁电流是吸合后的 10~15 倍。而线圈的允许电流值是按衔铁吸合后的电流值设计的，所以如果线圈得电但衔铁由于种种原因不能吸合或频繁操作时，线圈易过热甚至烧坏，这也是交流电磁铁比直流电磁铁容易烧坏的原因之一。

交流电磁铁铁心中交变的磁通会产生涡流和磁滞损耗，为了减少铁心损耗，交流电磁铁的铁心是由硅钢片叠成的。交、直流电磁铁性能比较见表 2-3。

表 2-3 交、直流电磁铁性能比较

项目 特性	名称	交流电磁铁	直流电磁铁
电源电压 U 一定		Φ 一定 $\Phi_m = \dfrac{U}{4.44fN}$	$I = \dfrac{U}{R}$ 一定
磁滞涡流损耗		有	无
衔铁吸合过程中	磁阻 $R_m = \dfrac{l}{\mu S}$	变小	变小
	磁通 Φ	不变	变大
	吸力	平均吸力不变	吸力变大

三、电磁铁在汽车中的应用

利用电磁铁磁性强、控制方便等特点，可制成许多控制部件或执行部件应用到汽车上，因此，电磁铁在汽车电气设备中应用广泛。例如，电磁铁常用于各种继电器、电磁阀等设备。它可以控制电路的接通与关断或流量的有无，相当于一个开关元件。下面分别介绍两个应用实例——汽车电控燃油喷射系统中的喷油器和电喇叭电路。

1. 汽车电控燃油喷射系统中的喷油器

如图 2-9 所示，汽车电控燃油喷射系统中的喷油器，其中电磁铁中的衔铁与针阀是一体的，喷油器就是采用电磁铁的电磁吸力来打开或关闭燃油计柱塞，从而控制喷油器的喷油量。当发动机 ECU 发出喷油信号，电磁线圈通电后，产生电磁吸力，吸引衔铁沿着轴向向右移动，并带动针阀克服弹簧弹力离开阀座，燃油即开始喷射。当发动机 ECU 发出停止喷油指令时，切断喷油器电磁线圈的搭铁回路，电磁吸力消失，在弹簧弹力的作用下针阀关闭，喷射停止。

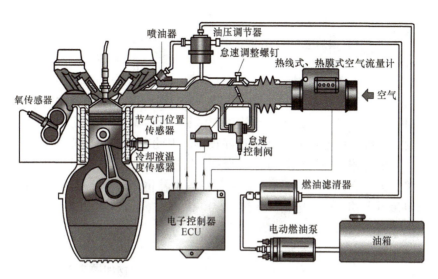

图 2-9　汽车电控燃油喷射系统中的喷油器

2. 电喇叭

汽车电喇叭按外形不同可分为螺旋形、筒形和盆形等，目前国产汽车使用的多为螺旋形和盆形喇叭。两种电喇叭的结构和工作原理基本相同，都是利用电磁原理使得喇叭膜片振动，从而发出警报声音。

图 2-10 所示为螺旋形电喇叭的结构。当按下按钮 20 时，电流路径为蓄电池正极→线圈 11→触点 16→按钮 20→搭铁→蓄电池负极。当电流通过线圈 11 时，产生电磁吸力，吸下衔铁 10，中心杆上的音量调整螺母 13 压下触点 16 的动触点，使触点分开而切断电路。此时，线圈 11 电流中断，电磁吸力消失，在弹簧片 9 和膜片 3 弹力的作用下，衔铁又返回原位，触点闭合，电路又接通。电喇叭利用衔铁触点控制电磁铁电路的通断，使电磁铁不断吸合和断开，产生振荡，发出报警声。这个过程每秒钟重复数次，从而使得钢膜片发生振动。当膜片振动时，喇叭内的空气也将产生振动，从而产生报警的声音。

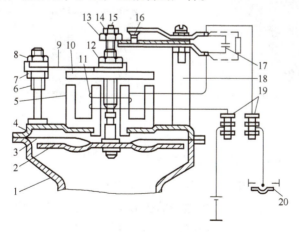

图 2-10　螺旋形电喇叭

1—扬声器　2—共鸣板　3—膜片　4—底板　5—山字形铁心　6—螺柱　7—音调调整螺母
8、12、14—锁紧螺母　9—弹簧片　10—衔铁　11—线圈　13—音量调整螺母
15—中心杆　16—触点　17—电容器　18—触点支架　19—接线柱　20—喇叭按钮

任务三　继电器的认识

继电器是自动控制电路中常用的一种元件，它是一种传递信号的电器，用来接通和断开控制电路，是可用较小的电流来控制较大电流的一种自动开关。继电器的输入信号可以是电压、电流等电量，也可以是热、速度、油压等非电量，而其输出则都是触点动作，使输出量发生预定的变化。继电器的电磁系统和触点都较小，因此它的动作迅速，反应灵敏。在工业控制中使用的中间继电器、热继电器等体积较大，线圈通过的电流或承受的电压较大，触点允许通过的电流较大。在汽车电气系统中所使用的继电器体积较小，触点控制的电流也较小。下面分别介绍电磁继电器、热继电器和干簧式继电器。

一、电磁继电器

电磁继电器是利用电磁铁控制工作电路通断的开关，其实物如图 2-11 所示。

1. 电磁继电器的工作原理

电磁继电器一般由铁心、线圈、衔铁和触点簧片等组成，如图 2-12 所示。只要在线圈两端加上一定的电压，线圈中就会流过一定的电流，从而产生电磁效应，衔铁就会在电磁力吸引的作用下克服返回弹簧的拉力吸向铁心，从而带动衔铁的动触点与静触点（常开触点）吸合。当线圈断电后，电磁的吸力也随之消失，衔铁就会在弹簧的反作用力下返回原来的位置，使动触点与原来的静触点（常闭触点）释放。这样吸合、释放，从而达到了在电路中导通、切断的目的。对于继电器的"常开""常闭"触点，可以这样来区分：继电器线圈未通电时处于断开状态的静触点，称为常开触点；处于接通状态的静触点称为常闭触点。

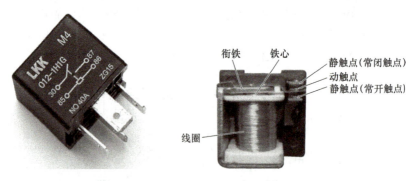

图 2-11　电磁继电器　　　　图 2-12　电磁继电器的组成

2. 电磁继电器在电路中的连接方式

电磁继电器一般有两股电路，分别为低压控制电路和高压工作电路，其中线圈接入低压控制电路，触点接入高压工作电路。继电器的图形符号如图 2-13 所示，端子 85、86 之间是线圈，端子 30、87 之间是触点。继电器在电路中的接线方式如图 2-14 所示。可参照图 2-15 所示的汽车喇叭电路来理解继电器在电路中的接线。在汽车喇叭电路中，继电器用小电流控制大电流，以减小喇叭开关的电流负荷，具有保护喇叭开关的作用。

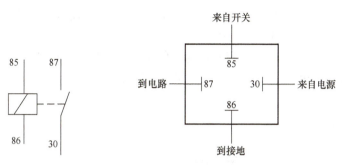

图 2-13　继电器的图形符号　　图 2-14　四个引脚继电器典型的接线端框

在汽车电路中常用的电磁继电器有喇叭继电器、起动继电器、闪光（转向）继电器和刮水继电器等。

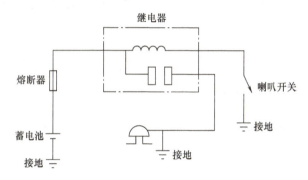

图 2-15　汽车喇叭电路

二、热继电器

热继电器是用来保护电动机，使其免受长期过载而受到危害的继电器。热继电器是利用电流的热效应来动作的，其工作原理如图 2-16 所示。

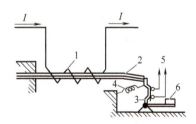

图 2-16　热继电器工作原理图
1—热元件　2—双金属片　3—扣板　4—弹簧　5—常闭触点　6—复位按钮

图 2-16 中的热元件是一段电阻不大的电阻丝，接在电动机的主电路中。双金属片由两种具有不同线胀系数的金属采用热和压力辗压而成，也可采用冷结合的方式，其中下层金属的线胀系数大，上层金属的线胀系数小。当主电路中的电流超过允许值而使双金属片受热时，它便向上弯曲，继而脱扣，扣板在弹簧的拉力下将常闭触点断开。触点是接在电动机的控制电路中的。控制电路断开而使接触器的线圈断电，从而断开电动机的主电路。

由于热惯性，热继电器不能进行短路保护。因为发生短路事故时，要求电路立即断开，而热继电器是不能立即动作的。一般在电动机起动或短时过载时，热继电器不会动作，从而可避免电动机出现不必要的停车。

热继电器的主要技术数据是整定电流。整定电流是热元件通过的电流超过此值的20%时，热继电器应当在20min内动作。根据整定电流选用热继电器，整定电流与电动机的额定电流基本上一致。

三、干簧式继电器

图2-17a 所示为利用线圈内磁场驱动的干簧式继电器，它由一组或几组导磁簧片封装在有惰性气体的玻璃管中组成开关元件。继电器的触点是一个或几个干簧管，它的图形符号与中间继电器一样。当继电器线圈通以电流时，在线圈中心工作气隙中形成磁通回路，从而使干簧管的一对触点吸合。图2-17b 所示为利用外磁场驱动继电器，在磁场作用下，干簧管中的两根簧片分别被磁化而相互吸引，接通电路；磁场消失后，簧片靠本身的弹性分开。

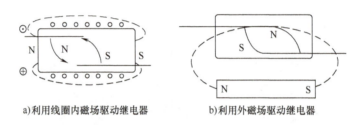

a) 利用线圈内磁场驱动继电器　　b) 利用外磁场驱动继电器

图 2-17　干簧式继电器的结构

汽车控制电路中常用的继电器有电磁继电器和干簧式继电器两种。电磁继电器的成本较低，便于控制电路采用。干簧式继电器反应灵敏，多用于信号采集。大多采用电磁继电器作为控制执行部件，采用干簧式继电器作为传感器。

任务四　变压器的认识

变压器是利用电磁感应原理，将某一等级的交流电压和电流转变成同频率的另一等级的电压和电流的设备。变压器对电能的经济输送、灵活分配和安全用电具有重要意义，在电气测量、电气控制中都有广泛的应用。

一、变压器的基本结构

变压器主要由铁心和两个或两个以上的绕组组成。

1. 铁心

变压器铁心的作用是构成磁路。为了减小交变磁通在铁心中引起的损耗，铁心通常用厚度为0.3~0.5mm、表面具有绝缘膜的硅钢片叠装而成。图2-18所示的变压器，从外面看，线圈包围铁心柱，称为心式结构；图2-19所示的变压器，从外面看，铁心柱包围线圈，称为壳式结构。小容量变压器多采用壳式结构。交变磁通在铁心中引起涡流损耗和磁滞损耗，为使铁心的温度不致太高，在大容量的变压器的铁心中往往设置油道，而铁心则浸在变压器油中，当油从油道中流过时，可将铁心中产生的热量带走。图2-20所示为变压器的图形符号。

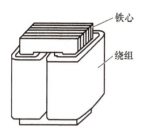
图 2-18　心式结构的变压器

图 2-19　壳式结构的变压器

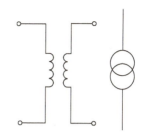
图 2-20　变压器的图形符号

2. 绕组

绕组是变压器的电路。变压器一般有两个或两个以上的绕组，接电源的绕组称为一次绕组，接负载的绕组称为二次绕组。绕组一般用铜或铝的绝缘导线缠绕在铁心柱上。高压绕组电压高，绝缘要求高，如果高压绕组在内部，离变压器铁心近，则应加强绝缘，这提高了变压器的成本造价。因此，为了绝缘方便，低压绕组紧靠着铁心，高压绕组则套装在低压绕组的外面。两个绕组之间留有油道，既可以起绝缘作用，又可以利用油把热量带走。在单相变压器中，高、低压绕组均分为两部分，分别缠绕在两个铁心柱上，两部分既可以串联又可以并联。三相变压器属于同一相的高、低压绕组全部缠绕在同一铁心柱上。

只有绕组和铁心的变压器称为干式变压器。大容量变压器的器身放在盛有绝缘油的油箱中，这样的变压器称为油浸式变压器，如图 2-21 所示。

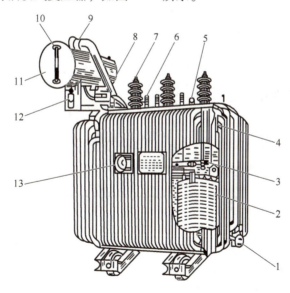

图 2-21　油浸式变压器外形图

1—放油阀门　2—绕组　3—铁心　4—油箱　5—分接开关　6—低压套管　7—高压套管　8—气体继电器
9—安全气道　10—油表　11—储油柜　12—吸湿器　13—湿度计

二、变压器的工作原理

现以单相双绕组变压器为例来介绍其工作原理。

在一个闭合的铁心上缠绕两个绕组，其匝数既可以相同，也可以不同，但一般是不同的。如图 2-22 所示，两个绕组之间只有磁的耦合，而没有电的联系。

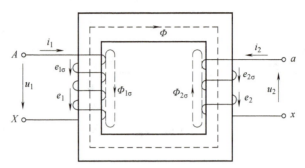

图 2-22　单相双绕组变压器原理图

与电源相连的绕组，接收交流电能，通常称为原边绕组（也称初级绕组或一次绕组），以 A、X 标注其出线端；与负载相连的绕组，送出交流电能，通常称为副边绕组（也称次级绕组或二次绕组），以 a、x 标注其出线端。与原边绕组相关的物理量均以下角标"1"来表示，与副边绕组相关的物理量均以下标"2"来表示。例如，原边的匝数、电压、电动势、电流分别用 N_1、u_1、e_1、i_1 表示；副边的匝数、电压、电动势、电流分别以 N_2、u_2、e_2、i_2 来表示。

当原边绕组接通电源时，便会在铁心中产生与电源电压同频率的交变磁通。忽略漏磁，该磁通便同时与原、副边绕组相交链，耦合系数 $k_c=1$，这样的变压器称为理想变压器。理想变压器的原、副边电压比等于匝数比，即

$$\frac{U_1}{U_2}=\frac{N_1}{N_2} \tag{2-12}$$

当 $N_1>N_2$ 时，为降压变压器；当 $N_1<N_2$ 时，为升压变压器。

根据能量守恒原理有

$$P_1=P_2 \tag{2-13}$$

式中　P_1——原边绕组功率；
　　　P_2——副边绕组功率。

根据式（2-12）与式（2-13）可得，电流比与匝数比互为倒数，即

$$\frac{I_2}{I_1}=\frac{N_1}{N_2} \tag{2-14}$$

注意：上式只在理想变压器有一个副绕组时成立。

当有两个副绕组时，$P_1=P_2+P_3$，$U_1/N_1=U_2/N_2=U_3/N_3$，电流则需利用电功率的关系式去求；有多个副绕组时依此类推。

三、变压器的分类

变压器是一种能够改变交流电压的设备。除了用于变换电压之外，变压器还可用于变换交流电流、变换阻抗以及改变相位等。变压器的种类很多，分类方法也很多。

1）按用途分类，变压器可分为电力变压器、仪用变压器、电炉变压器、试验变压器、整流变压器、调压变压器和矿用变压器（防爆变压器）。

2）按相数分类，变压器可分为单相变压器和三相变压器。

3）按绕组结构分类，变压器可分为双绕组、三绕组、多绕组变压器和自耦变压器。

4）按铁心结构分类，变压器可分为心式变压器和壳式变压器。

5）按冷却方式分类，变压器可分为干式变压器、油浸自冷变压器、油浸风冷变压器、强迫油循环冷却变压器、强迫油循环导向冷却变压器、充气式变压器等。

6）按容量分类，变压器可分为小型变压器（容量为630kV·A及以下）、中型变压器（容量为800~6300kV·A）、大型变压器（容量为8000~63000kV·A）、特大型变压器（容量为900000kV·A及以上）。

四、变压器的铭牌数据

国家标准规定，标注在铭牌上的，代表变压器在规定使用环境和运行条件下的主要技术数据，称为变压器的额定值（或称为铭牌数据）。

1. 额定容量

额定容量是变压器在正常运行时的视在功率，通常用S_N表示，其单位为伏安（V·A）或千伏安（kV·A）。对于一般的变压器，一、二次额定容量都设计成相等。

2. 额定电压

在正常运行时，规定加在一次绕组上的电压称为一次额定电压，用U_{1N}表示；当二次绕组开路（即空载），一次绕组加额定电压时，二次绕组的测量电压即为二次额定电压，用U_{2N}表示。在三相变压器中，额定电压指线电压，单位为伏（V）或千伏（kV）。

3. 额定电流

额定电流是指根据额定容量和额定电压计算出来的电流值。一、二次额定电流分别用I_{1N}、I_{2N}表示，单位为安（A）。

4. 额定频率

我国以及大多数国家都规定额定频率$f_N=50\text{Hz}$。

额定容量、额定电压和额定电流之间的关系为：

单相变压器 $\qquad S_N = U_{1N}I_{1N} = U_{2N}I_{2N}$

三相变压器 $\qquad S_N = \sqrt{3}U_{1N}I_{1N} = \sqrt{3}U_{2N}I_{2N}$

此外，变压器的铭牌上一般还会标注效率、温升、绝缘等级等。

实训操作

实训需要的工具及其数量见表2-4。

表2-4　工具明细

件　号	名　称	型号及规格	数　量
1	条形磁铁		1块
2	灵敏电流计		1只
3	导线		若干

（续）

件 号	名 称	型号及规格	数 量
4	线圈		2个
5	蹄形磁铁		1块
6	开关		1个
7	继电器		1只
8	万用表		1只
9	蓄电池		1块

实训操作一　认识电磁感应现象

具体步骤为：

1）查明电流表指针的偏转方向和电流方向之间的关系。

2）按图2-23所示连接好电路，注意要把线圈A、开关、电源串联成电路，把线圈B与电流表串联成电路。

3）闭合开关，将线圈A插入线圈B中，在插入过程中观察电流表指针的偏转情况；将线圈A插在线圈B中不动，观察电流表指针偏转情况；再将线圈A从线圈B中拔出，观察在拔出过程中，电流表

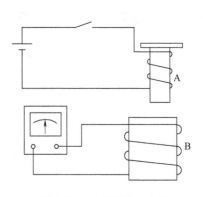

图2-23　实训操作一电路

指针的偏转情况。将上述观察结果记录在表格中。

4) 改变线圈 A 中的电流方向，重复步骤 3) 的操作、观察与记录。

5) 将线圈 A 插入线圈 B 中，闭合与断开开关，观察在开关闭合与断开瞬间，电流表指针的偏转情况，将结果记录在表格中。改变线圈 A 中的电流方向，将开关闭合、断开，重新做一次，并进行观察与记录。

实训操作二　观察带电导体在磁场中的运动

根据图 2-24 进行接线，具体步骤为：

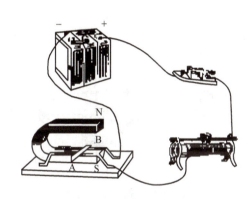

图 2-24　磁场对通电导体的作用

1) 将一根线圈放在蹄形磁铁里，接通电源，让电流通过原来静止的线圈，观察线圈的运动情况。

2) 验证磁场对通电导体是否有作用力。

3) 探究通电导体在磁场中所受力的方向与哪些因素有关。

实训操作三　继电器的检测

继电器的检测主要是检测继电器插脚是否正常工作，以及继电器内部线圈和触点是否能够正常工作。

以常开继电器为例，其内部电路如图 2-25 所示，1 脚和 3 脚之间是继电器线圈电路，2 脚和 4 脚之间是继电器触点电路。

1. 开路检测

采用万用表测电阻法，用万用表的 R×100 档进行检测。

在继电器不通电的情况下，用万用表测量 1 脚和 3 脚之间是否是通路，若是通路，且阻值在规定范围内，则正常；测量 2 脚和 4 脚之间是否是断路，若是断路，则正常，如图 2-26 所示。

2. 加电检测

如图 2-27 所示，给继电器的 1 脚和 3 脚通电，然后用万用表测量 2 脚和 4 脚之间是否是通路，若是通路，则正常。

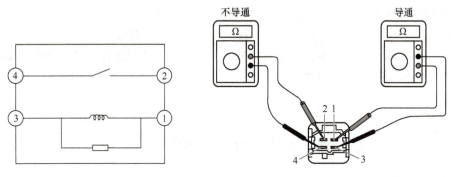

图 2-25　常开继电器内部电路　　图 2-26　在不通电情况下检测继电器

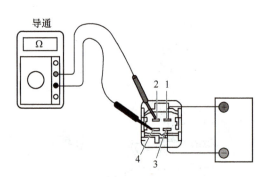

图 2-27　在通电情况下检测继电器

在图 2-28 所示电路的基础上加装一个继电器，使其起到保护电路开关的作用。

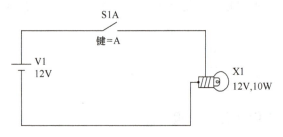

图 2-28　照明灯电路

课后测评

一、填空题

1. _____ 是反映磁场性质的参数。它的大小反映磁场的强弱，它的方向就是磁场的方向。
2. 磁性材料具有磁导率高、_____ 和 _____ 三个性质。
3. 磁路欧姆定律：_____。
4. _____ 是可以通电流来产生磁力的器件。
5. 电磁铁的磁场方向可以用 _____ 来判断。
6. 电磁铁根据其线圈中通过的电流不同，可分为 _____ 和 _____ 两大类。
7. 交流电磁铁的吸力随时间在零与最大值之间变化，因而衔铁要发生振动而引起噪声在铁心的端面上嵌装_____可以有效地消除这种噪声。

8. 变压器是利用电磁感应原理，将某一等级的交流电压和电流转变成_____的设备。

9. 变压器主要由_____铁心和_____组成。

10. 电磁继电器一般由_____、_____、衔铁和_____等组成。

二、选择题

1. 下列关于磁场力、磁感应强度的说法中正确的是（   ）。

   A. 通电导线不受磁场力的地方一定没有磁场

   B. 将 I、L 相同的通电导线放在同一匀强磁场中的不同位置，其所受磁场力一定相同

   C. 通电导线所受磁场力的方向就是磁感应强度的方向

   D. 以上说法都不正确

2. 关于磁感应强度 B、电流强度 I、导线长度 L 和导线所受磁场力 F 的关系，下列说法正确的是（   ）。

   A. 在 $B = 0$ 的地方，F 一定等于零

   B. 在 $F = 0$ 的地方，B 一定等于零

   C. 若 $B = 1T$，$I = 1A$，$L = 1m$，则 F 一定等于 $1N$

   D. 若 $L = 1m$，$I = 1A$，$F = 1N$，则 B 一定等于 $1T$

3. 以下说法中正确的是（   ）。

   A. 通电导线在某处所受磁场力为零，那么该处的磁感应强度必定为零

   B. 若长为 L、电流为 I 的导线在某处受到的磁场力为 F，则该处的磁感应强度必为 F/IL

   C. 如果将一段短导线（有电流）放入某处，测得该处的磁感应强度为 B，若撤去该导线，则该处的磁感应强度为零

4. 通电直导线的周围存在磁场，若将一根长导线沿一个方向绕成螺线管插入铁心后，就制成了一个电磁铁。关于电磁铁的磁性强弱，以下说法正确的是（   ）。

   A. 电磁铁的磁性强弱与线圈匝数无关

   B. 电磁铁的磁性强弱与电流大小无关

   C. 导线绕成螺线管后，每匝线圈产生的磁场相互抵消，故磁性减弱

   D. 导线绕成螺线管后，每匝线圈产生的磁场相互叠加，故磁性增强

5. 某同学自制的电磁铁，下列方法中不能改变电磁铁磁性强弱的是（   ）。

   A. 减少线圈匝数　　　B. 增大电流　　　C. 抽出铁钉　　　D. 改变电流方向

6. 对于车用继电器来说，下列说法中正确的是（   ）。

   A. 小电流控制大电流　　B. 大电流控制小电流　　C. 便于布置电气元件

7. 变压器的工作原理是基于_____。

   A. 电压的感应　　　B. 由电流产生的磁场

8. 变压器依靠_____电压运行。

   A. 直流　　　　　　B. 脉冲　　　　　　C. 交流

三、简答题

1. 举例说出五个电磁铁在生活中的应用。

2. 简述继电器的特点及作用。

3. 有一台单相变压器，$U_1 = 380V$，$I_1 = 0.368A$，$N_1 = 1000$ 匝，$N_2 = 100$ 匝，试求变压器二次绕组的输出电压 U_2，输出电流 I_2，电压比 K_u 和电流比 K_i。

项目三

转向灯不闪光的故障检修

学习目标

目标类型	目标要求
知识目标	1. 掌握电感的基本知识及应用 2. 掌握电容的类型和检测方法 3. 掌握二极管的类型和检测方法 4. 掌握晶体管的类型及其应用 5. 掌握集成运算放大器的应用
技能目标	1. 能够用万用表检测电容、二极管、晶体管等电子器件 2. 能够看懂汽车电路中电子器件的应用问题

项目描述

通过对转向灯不闪光故障的检修，掌握电路中的电感、电容、二极管、晶体管、集成运算放大器等电子器件的相关知识，并能够用万用表进行电容、二极管和晶体管的检测以及看懂汽车电路中电子器件的应用问题，最终能够分析汽车电路图。

任务一　电感的认识

电感线圈是用绝缘导线绕制而成的电磁感应元件，是电子电路中常用的元器件之一。电感线圈是用漆包线、纱包线或塑皮线等在绝缘骨架或磁心、铁心上绕制成的一组串联的同轴线匝，它在电路中用字母"L"表示，主要作用是对交流信号进行隔离、滤波或与电容器、电阻器等组成谐振电路。

电感是衡量线圈产生电磁感应能力的物理量。给一个线圈通入电流，线圈周围就会产生磁场，线圈就有磁通量通过。通入线圈的电源越大，磁场就越强，通过线圈的磁通量就越大。实验证明，通过线圈的磁通量和通入的电流是成正比的，它们的比值叫做自感系数，也称为电感。

一、简介

电感线圈是能够把电能转化为磁能而存储起来的元件。电感线圈的结构类似于变压器，但只有一个绕组，它只阻碍电流的变化。如果电感线圈在没有电流通过的状态下，电路接通时它将试图阻碍电流流过它；如果电感线圈在有电流通过的状态下，电路断开时它将试图维持电流不变。

最原始的电感线圈是 1831 年英国 M. 法拉第用以发现电磁感应现象的铁心线圈。1832 年美国的 J. 亨利发表了关于自感应现象的论文。人们把电感的单位称为亨利，简称亨。19 世纪中期，电感在电报、电话等装置中得到实际应用。1887 年德国的 H. R. 赫兹，1890 年美国 N. 特斯拉在实验中所用的电感线圈都是非常著名的，分别称为赫兹线圈和特斯拉线圈。

电感是闭合回路的一种属性，即当通过闭合回路的电流改变时，会出现电动势来抵抗电流的改变，这种电感称为自感，是闭合回路自己本身的属性。假设一个闭合回路的电流改变，由于感应作用而产生电动势于另外一个闭合回路，这种电感称为互感。

1. 自感

当导体中的电流发生变化时，导体本身就产生感应电动势，这个电动势总是阻碍导体中原来电流的变化。这种由于导体本身的电流发生变化而产生的电磁感应现象叫做自感现象，自感现象中产生的感应电动势，叫做自感电动势，如图 3-1a 所示。

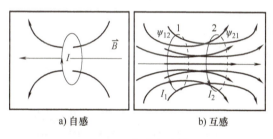

图 3-1 自感和互感

2. 互感

两个电感线圈相互靠近时，一个电感线圈的磁场变化将影响另一个电感线圈，这种影响就是互感，产生的感应电动势叫互感电动势，如图 3-1b 所示。互感的大小取决于电感线圈的自感与两个电感线圈耦合的程度，利用此原理制成的元件叫做互感器。

互感不仅发生于绕在同一铁心上的两个线圈之间，而且可以发生于任何相互靠近的电路之间。

二、基本结构

电感线圈一般由骨架、绕组、屏蔽罩、封装材料、磁心或铁心等组成，如图 3-2 所示。

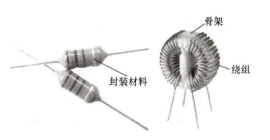

图 3-2 电感线圈

1. 骨架

骨架泛指绕制线圈的支架。一些体积较大的固定式电感器或可调式电感器（如振荡线圈、阻流圈等），大多数是将漆包线（或纱包线）环绕在骨架上，再将磁心或铜心、铁心等装入骨架的内腔，以提高其电感量。骨架通常是采用塑料、胶木、陶瓷制成，根据实际需要可以制成不同的形状。小型电感器（例如色码电感器）一般不使用骨架，而是直接将漆包线绕在磁心上。空心电感器（也称脱胎线圈或空心线圈，多用于高频电路中）不用磁心、骨架和屏蔽罩等，而是先在模具上绕好后再脱去模具,并将线圈各圈之间拉开一定距离。

2. 绕组

绕组是指具有规定功能的一组线圈,它是电感的基本组成部分。绕组有单层和多层之分。单层绕组又有密绕(绕制时导线一圈挨一圈)和间绕(绕制时每圈导线之间均隔一定的距离)两种形式;多层绕组有分层平绕、乱绕、蜂房式绕法等多种形式。

3. 磁心与磁棒

磁心与磁棒一般采用镍锌铁氧体(NX系列)或锰锌铁氧体(MX系列)等材料,它有"工"字形、柱形、帽形、"E"形、罐形等多种形状。

4. 铁心

铁心材料主要有硅钢片、坡莫合金等,其外形多为"E"形。

5. 屏蔽罩

为避免有些电感器在工作时产生的磁场影响其他电路及元器件正常工作,就为其增加了金属屏幕罩(例如半导体收音机的振荡线圈等)。采用屏蔽罩的电感器,会增加线圈的损耗,使 Q 值(品质因数)降低。

6. 封装材料

有些电感器(如色码电感器、色环电感器等)绕制好后,用封装材料将线圈和磁心等密封起来。封装材料采用塑料或环氧树脂等。

三、电感的特性

电感是衡量线圈产生电磁感应能力的物理量。当线圈通入非稳态电流时,周围就会产生变化的磁场。在磁感应强度达到饱和前,通入线圈的功率越大,激励出来的磁场强度越高;反之则越小。磁饱和是指电流产生磁场,电感中,电流增大,磁场强度也增大,但其增加不是无限制的,当电感中导磁体内的磁场达到某一水平时,电流的增加不能再使磁场强度增加,这时,认为此电感达到饱和,即磁饱和,而使电感达到磁饱和时的电流强度,被认为是该电感的饱和电流。

电感一般分为空芯电感和磁心电感两种。空芯电感的电感量是一个定值常数,应用简单。大型磁心电感在工业中应用得更多,其电感量值的准确与否是关键性问题,无论从理论上还是在实际应用中都有重大的意义。

通过公式 $L = \dfrac{\mu A_e N^2}{l}$ 进行分析。其中,L 为电感量,μ 为磁心的磁导率,A_e 为磁心的截面积,N 为线圈的匝数,l 为磁心的磁路长度。当某个电感生产成形后,A_e、N、l 都为定值,那么,影响电感出厂后量值的就只有磁导率 μ 了。

四、电感器的分类(图3-3)

1. 按结构分类

电感器按其结构不同,可分为线绕式电感器和非线绕式电感器(多层片状、印制电感等),还可分为固定式电感器和可调式电感器。按贴装方式分,有贴片式电感器和插件式电感器。有外部屏蔽的称为屏蔽电感器,线圈裸露的则称为非屏蔽电感器。固定式电感器又分为空心电感器、磁心电感器、铁心电感器等。根据其结构外形和引脚方式不同,还可分为立式同向引脚电感器、卧式轴向引脚电感器、大中型电感器、小型电感器和片状电感器等。

可调式电感器又分为磁心可调电感器、铜心可调电感器、滑动接点可调电感器、串联互感可调电感器和多抽头可调电感器。

2. 按工作频率分类

电感器按工作频率不同可分为高频电感器、中频电感器和低频电感器。

空心电感器、磁心电感器和铜心电感器一般为中频或高频电感器,而铁心电感器则多为低频电感器。

3. 按用途分类

电感器按用途不同,可分为振荡电感器、校正电感器、显像管偏转电感器、阻流电感器、滤波电感器、隔离电感器等。

a)工字形电感器　b)贴片电感器
c)环形电感器　d)色环电感器
e)空心电感器　f)可调电感器

图3-3　几种电感器

振荡电感器又分为电视机行振荡线圈、东西枕形校正线圈等。显像管偏转电感器分为行偏转线圈和场偏转线圈。阻流电感器(也称阻流圈)分为高频阻流圈、低频阻流圈、电子镇流器用阻流圈、电视机行频阻流圈和电视机场频阻流圈等。滤波电感器分为电源(工频)滤波电感器和高频滤波电感器等。

五、常用电感器

1. 小型固定电感器

小型固定电感器通常是用漆包线在磁心上直接绕制而成的,主要用在滤波、振荡、陷波、延迟等电路中。它有密封式和非密封式两种封装形式,两种形式又都有立式和卧式两种外形结构。

(1) 立式密封固定电感器　立式密封固定电感器采用同向型引脚,国产电感器的电感量范围为0.1~2200μH(直标在外壳上),额定工作电流为0.05~1.6A,误差范围为±5%~±10%;进口的电感量,其电感量范围更大,误差更小。例如,进口的TDK系列色码电感器,其电感量用色点标在电感器表面。

(2) 卧式密封固定电感器　卧式密封固定电感器采用轴向型引脚,国产的有LG1、LGA、LGX等系列。

LG1系列电感器的电感量范围为0.1~22000μH(直标在外壳上);LGA系列电感器采用超小型结构,其外形与1/2W色环电阻器相似,电感量范围为0.22~100μH(用色环标在外壳上),额定电流为0.09~0.4A;LGX系列电感器也为小型封装结构,其电感量范围为0.1~10000μH,额定电流分为50mA、150mA、300mA和1.6A四种规格。

2. 可调式电感器

常用的可调式电感器有半导体收音机用振荡线圈、电视机用行振荡线圈、行线性线圈、中频陷波线圈、音响用频率补偿线圈、阻波线圈等。

(1) 半导体收音机用振荡线圈　此振荡线圈在半导体收音机中与可变电容器等组成本机振荡电路,用来产生一个比输入调谐电路接收的电台信号高出465kHz的本振信号。其外部为金属屏蔽罩,内部由尼龙衬架、工字形磁心、磁帽及引脚座等构成,在工字形磁心上有用高强度漆包线绕制的绕组。磁帽装在屏蔽罩内的尼龙架上,可以上下旋转,通过改变它与线圈之间的距离来改变线圈的电感量。

（2）**电视机用行振荡线圈**　行振荡线圈用在早期的黑白电视机中，它与外围的阻容元件及行振荡晶体管等组成自激振荡电路（三点式振荡器或间歇振荡器、多谐振荡器），用来产生频率为15625Hz的矩形脉冲电压信号。该线圈的磁心中心有方孔，行同步调节旋钮直接插入方孔内，旋动行同步调节旋钮，即可改变磁心与线圈之间的相对距离，从而改变线圈的电感量，使行振荡频率保持为15625Hz，与自动频率控制电路（AFC）送入的行同步脉冲产生同步振荡。

（3）**行线性线圈**　行线性线圈是一种非线性磁饱和电感线圈（其电感量随着电流的增大而减小），它一般串联在行偏转线圈回路中，利用其磁饱和特性来补偿图像的线性畸变。

行线性线圈是用漆包线在"工"字形铁氧体高频磁心或铁氧体磁棒上绕制而成的，线圈的旁边装有可调节的永久磁铁。通过改变永久磁铁与线圈之间的相对位置来改变线圈电感量的大小，从而达到线性补偿的目的。

3. 阻流电感器

阻流电感器是指在电路中用以阻塞交流电流通路的电感线圈，它分为高频阻流线圈和低频阻流线圈。

（1）**高频阻流线圈**　高频阻流线圈也称高频扼流线圈，它用来阻止高频交流电流通过。

高频阻流线圈工作在高频电路中，多用空心或铁氧体高频磁心，骨架用陶瓷材料或塑料制成，线圈采用蜂房式分段绕制或多层平绕分段绕制。

（2）**低频阻流线圈**　低频阻流线圈也称低频扼流线圈，它可应用于电流电路、音频电路或场输出电路等，其作用是阻止低频交流电流通过。

通常，将用在音频电路中的低频阻流线圈称为音频阻流圈，将用在场输出电路中的低频阻流线圈称为场阻流圈，将用在电流滤波电路中的低频阻流线圈称为滤波阻流圈。

低频阻流圈一般采用"E"形硅钢片铁心、坡莫合金铁心或铁淦氧磁心。为防止通过较大直流电流时引起磁饱和，安装时在铁心中要留有适当空隙。

六、电感器的主要参数

电感器的主要参数有电感量、允许偏差、品质因数、分布电容及额定电流等。

1. 电感量

电感量也称自感系数，它是表示电感器产生自感应能力的一个物理量。

电感量的大小主要取决于电感器线圈的圈数匝数、绕制方式、有无磁心及磁心的材料等。通常，线圈圈数越多，绕制的线圈越密集，电感量就越大；有磁心的线圈比无磁心的线圈电感量大；磁心磁导率越大的线圈，电感量就越大。

电感量的基本单位是亨利（简称亨），用字母"H"表示。常用的单位还有毫亨（mH）和微亨（μH），它们之间的关系是$1H = 1000mH$，$1mH = 1000μH$。

2. 允许偏差

允许偏差是指电感器上标称的电感量与实际电感量的允许误差值。

一般来说，用于振荡或滤波等电路中的电感器精度要求较高，允许偏差为±0.2%～±0.5%；而用于耦合、高频阻流等线圈的电感器精度要求不高，允许偏差为±10%～15%。

3. 品质因数

品质因数也称Q值或优值，它是衡量电感器质量的主要参数。

品质因数是指电感器在某一频率的交流电压下工作时，所呈现的感抗与其等效损耗电阻之比。电感器的Q值越高，其损耗越小，效率越高。

电感器品质因数的高低与线圈导线的直流电阻、线圈骨架的介质损耗以及铁心和屏蔽罩等引起的损耗等有关。

4. 分布电容

分布电容是指线圈的匝与匝之间、线圈与磁心之间、线圈与地之间、线圈与金属之间都存在的电容。电感器的分布电容越小，其稳定性越好。分布电容能使等效耗能电阻变大，品质因数变大。为减小分布电容，常用丝包线或多股漆包线，有时也用蜂窝式绕线法等。

5. 额定电流

额定电流是指电感器在允许的工作环境下能承受的最大电流值。若工作电流超过额定电流，则电感器就会因发热而使性能参数发生改变，甚至还会因过电流而烧毁。

七、不同电感器的作用

（1）**电感器的作用**　电感器的作用是对交流信号进行隔离、滤波，或与电容器、电阻器等组成谐振电路。

（2）**调谐与选频电感器的作用**　电感线圈与电容器并联可组成 LC 调谐电路。即电路的固有振荡频率 f_0 与非交流信号的频率 f 相等，则回路的感抗与容抗也相等，于是电磁能量就在电感、电容之间来回振荡，这就是 LC 回路的谐振现象。谐振时，由于电路的感抗与容抗等值且反向，因此回路总电流的感抗最小，电流量最大（$f=f_0$ 的交流信号）。所以 LC 谐振电路具有选择频率的作用，能将某一频率 f 的交流信号选择出来。

（3）**磁环电感器的作用**　磁环与连接电缆构成一个电感器（电缆中的导线在磁环上绕几圈作为电感线圈），它是电子电路中常用的抗干扰元件，对于高频噪声有很好的屏蔽作用，故被称为吸收磁环，由于通常使用铁氧体材料制成，所以又称铁氧体磁环（简称磁环）。在图 3-4 中，a 图为一体式磁环，b 图为带安装夹的磁环。磁环在不同的频率下有不同的阻抗特

a) 一体式磁环

b) 带安装夹的磁环

图 3-4　磁环

性：一般在低频时阻抗很小；当信号频率升高后，磁环的阻抗则急剧变大。信号频率越高，越容易辐射出去，而一般的信号线都是没有屏蔽层的，这些信号线就成了很好的天线，它们接收周围环境中各种杂乱的高频信号，而这些信号叠加在原来传输的信号上，甚至会改变原来传输的有用信号，这严重干扰了电子设备的正常工作。因此，降低电子设备的电磁干扰（EM）是必须考虑的问题。在磁环作用下，既可使正常有用的信号顺利地通过，又能很好地抑制高频干扰信号，而且成本低廉。

电感器还有筛选信号、过滤噪声、稳定电流及抑制电磁波干扰等重要的作用。

任务二　电容的认识

电容是由两块金属电极之间夹一层绝缘电介质构成的。当在两金属电极间加上电压时，电极上就会存储电荷，所以电容器是储能元件。任何两个彼此绝缘又相距很近的导体，均可组成一个电容器。平行板电容器由电容器的极板和电介质组成。

电容器具有以下特点：

1）它具有充放电特性和阻止直流电流通过，允许交流电流通过的能力。

2）在充电和放电过程中，两极板上的电荷有积累过程，即电压有建立过程。因此，电容器上的电压不能突变。

3）电容器的容抗与频率、容量成反比。分析容抗大小时，需要联系信号的频率高低、容量大小。平行板电容器内的电场是匀强磁场，其电容的计算公式为

$$\left.\begin{array}{l}C \propto S \\ C \propto \dfrac{1}{d} \\ C \propto \varepsilon_r\end{array}\right\} \Rightarrow C = \dfrac{\varepsilon_r S}{4\pi kd}$$

式中　ε_r——介电常数，真空中 $\varepsilon_r = 1$；

k——静电力常量；

S——两极板正对面积；

d——两极板间的距离。

一、电容器的种类

常用的电容器按其介质材料可分为铝电解电容器、纸介电容器、玻璃釉电容器和陶瓷电容器等。

(1) 铝电解电容器　铝电解电容器是由铝圆筒做负极，里面装有液体电解质，插入一片弯曲的铝带做正极制成的。还需要经过直流电压处理，使正极片上形成一层氧化膜做介质。它的特点是容量大，但是漏电大、误差大、稳定性差，常用作交流旁路和滤波，在要求不高时也用于信号耦合。电解电容有正、负极之分，使用时不能接反。

(2) 纸介电容器　纸介电容器用两片金属箔做电极，夹在极薄的电容纸中，卷成圆柱形或扁柱形芯子，然后密封在金属壳或绝缘材料（如火漆、陶瓷、玻璃釉等）壳中制成。它的特点是体积较小，容量可以做得较大。但是，其固有电感和损耗都比较大，用于低频比较合适。金属化纸介电容器的结构和纸介电容器基本相同，它是在电容器纸上覆上一层金属膜来代替金属箔，其体积小、容量较大，一般用在低频电路中。

(3) 油浸纸介电容器　油浸纸介电容器是把纸介电容器浸在经过特别处理的油里，以增大其耐压。它的特点是电容量大、耐压高，但是体积较大。

(4) 玻璃釉电容器　玻璃釉电容器以玻璃釉做介质，具有瓷介电容器的优点，且体积更小，耐高温。

(5) 陶瓷电容器　陶瓷电容器用陶瓷做介质，在陶瓷基体两面喷涂银层，然后烧成银质薄膜做极板制成。它的特点是体积小、耐热性好、损耗小、绝缘电阻高，但容量小，适合用于高频电路。

铁电陶瓷电容器的容量较大，但是损耗和温度系数较大，适合用于低频电路。

(6) 薄膜电容器　薄膜电容器的结构和纸介电容器相同，介质是涤纶或者聚苯乙烯。涤纶薄膜电容器的介电常数较高、体积小、容量大、稳定性较好，适宜做旁路电容。

(7) 聚苯乙烯薄膜电容器　聚苯乙烯薄膜电容器的介质损耗小、绝缘电阻高，但是温度系数大，可用于高频电路。

(8) 云母电容器　云母电容器用金属箔或者在云母片上喷涂银层做极板，极板和云母一层一层地叠合后，再压铸在胶木粉或封固在环氧树脂中。它的特点是介质损耗小、绝缘电阻大、温度系数小，适宜用于高频电路。

(9) 钽、铌电解电容器　钽、铌电解电容器用金属钽或者铌做正极，用稀硫酸等配液做负极，用钽或铌表面生成的氧化膜做介质制成。它的特点是体积小、容量大、性能稳定、寿命长、绝缘电阻大、温度特性好，用在要求较高的设备中。

(10) 半可变电容器　半可变电容器也叫做微调电容器。它是由两片或者两组小型金属弹片，中间夹着介质制成的。调节时改变两弹片之间的距离或者面积。它的介质有空气、陶瓷、云母、薄膜等。

(11) 可变电容器　可变电容器由一组定片和一组动片组成，它的容量随着动片的转动可以连续改变。把两组可变电容器装在一起同轴转动，叫做双连。可变电容器的介质有空气和聚苯乙烯两种。空气介质可变电容器的体积大，损耗小，多用在电子管收音机中。聚苯乙烯介质可变电容器做成密封式的，其体积小，多用在晶体管收音机中。

二、电容器的作用

在直流电路中，电容器相当于断路，它是一种能够储存电荷的元件，也是最常用的电子元件之一。

但是，在交流电路中，因为电流的方向是随时间成一定的函数关系变化的。而电容器充放电的过程是需要时间的，这时，在极板间形成变化的电场，而这个电场也是随时间变化的函数。实际上，电流是通过电场的形式在电容器间通过的。

电容器的作用如下：

(1) 耦合　用在耦合电路中的电容器称为耦合电容器，在阻容耦合放大器和其他电容耦合电路中大量使用这种电容电路，起"隔直流、通交流"的作用。

(2) 滤波　用在滤波电路中的电容器称为滤波电容器。在电源滤波和各种滤波器电路中使用这种电容电路，滤波电容器将一定频段内的信号从总信号中去除。

(3) 退耦　用在退耦电路中的电容器称为退耦电容器。在多级放大器的直流电压供给电路中使用这种电容电路，退耦电容器可消除每级放大器之间的有害低频交连。

(4) 高频消振　用在高频消振电路中的电容器称为高频消振电容器。在音频负反馈放大器中，为了消振可能出现的高频自激，采用这种电容电路，以消除放大器可能出现的高频啸叫。

（5）谐振　用在 LC 谐振电路中的电容器称为谐振电容器。LC 并联和串联谐振电路中都需要这种电容电路。

（6）旁路　用在旁路电路中的电容器称为旁路电容器。电路中如果需要从信号中去掉某一频段的信号，可以使用旁路电容电路，根据所去掉信号频率不同，有全频域（所有交流信号）旁路电容电路和高频旁路电容电路之分。

（7）中和　用在中和电路中的电容器称为中和电容器。在收音机高频和中频放大器、电视机高频放大器中，采用这种中和电容电路，以消除自激。

（8）定时　用在定时电路中的电容器称为定时电容器。在需要通过电容充电、放电进行时间控制的电路中使用定时电容电路，电容器起控制时间常数大小的作用。

（9）积分　用在积分电路中的电容器称为积分电容器。在电势场扫描的同步分离电路中，采用这种积分电容电路，可以从场复合同步信号中去除场同步信号。

（10）微分　用在微分电路中的电容器称为微分电容器。在触发器电路中为了得到尖顶触发信号，采用这种微分电容电路，以从各类（主要是矩形脉冲）信号中得到尖顶脉冲触发信号。

（11）补偿　用在补偿电路中的电容器称为补偿电容。在卡座的低音补偿电路中，使用这种低频补偿电容电路，以提升放音信号中的低频信号。此外，还有高频补偿电容电路。

（12）自举　用在自举电路中的电容器称为自举电容器。常用的 OTL 功率放大器输出级电路采用这种自举电容电路，以通过正反馈的方式少量提升信号的正半周幅度。

（13）分频　用在分频电路中的电容器称为分频电容器，在音箱的扬声器分频电路中，使用分频电容电路，以使高频扬声器工作在高频段，中频扬声器工作在中频段，低频扬声器工作在低频段。

（14）负载电容　负载电容是指与石英晶体谐振器一起决定负载谐振频率的有效外界电容。负载电容常用的标准值有 16pF、20pF、30pF、50pF 和 100pF。负载电容可以根据具体情况作适当的调整，通过调整一般可以将谐振器的工作频率调到标称值。

三、电容器的主要性能指标

（1）电容量、标称容量和允许误差

电容器是一种储存电荷的"容器"，就有"容量"大小的问题。为了衡量电容器储存电荷的能力，确定了电容量这个物理量。电容器必须在外加电压的作用下才能储存电荷，而不同的电容器在电压作用下储存的电荷量也可能不相同。国际上统一规定，给电容器外加 1V 直流电压时，它所能储存的电荷量，为该电容器的电容量，用字母 C 表示。电容量的基本单位为法拉（F）。在 1V 直流电压作用下，如果电容器储存的电荷量为 1Q，电容量就被定为 1F，即 $1F = 1Q/V$。在实际应用中，电容器的电容量往往比 1F 小得多，常用较小的单位，如毫法（mF）、微法（μF）、纳法（nF）、皮法（pF）等，它们的关系是：1 法拉（F）= 1000 毫法（mF），1 毫法（mF）= 1000 微法（μF），1 微法（μF）= 1000 纳法（nF），1 纳法（nF）= 1000 皮法（pF）。

电容器上标注的电容值是电容器的标称容量，标称容量和实际容量之间存在误差。通常容量小于 10000pF 时，用 pF 做单位；容量大于 10000pF 时，用 μF 做单位。为了简便起见，大于100pF而小于1μF的电容量常常不注单位，没有小数点的，其单位是pF；有小数点的，其单位是μF。例如，有的电容上标有"332"（3300pF）三位有效数字，左起两位给出电容量的第一、第二位数字，而第三位数字则表示在后加0的个数，单位是pF。

（2）**额定工作电压** 在规定的工作温度范围内，电容长期可靠地工作，它能承受的最大直流电压，就是电容的额定工作电压，也叫做电容的直流工作电压。如果在交流电路中，要注意所加交流电压的最大值不能超过电容的直流工作电压值。常用的电容额定工作电压有6.3V、10V、16V、25V、50V、63V、100V、2500V、400V、500V、630V、1000V。

（3）**绝缘电阻** 由于电容两极之间的介质不是绝对的绝缘体，它的电阻不是无限大，而是一个有限的数值，一般在1000MΩ以上，电容两极之间的电阻叫做绝缘电阻，或者叫做漏电电阻，其大小是额定工作电压下的直流电压与通过电容的漏电流的比值。漏电电阻越小，漏电越严重。电容漏电会引起能量损耗，这种损耗不仅影响电容的寿命，还会影响电路的工作。因此，漏电电阻越大越好。

（4）**介质损耗** 电容器在电场作用下消耗的能量，通常用损耗功率和电容器的无功功率之比，即损耗角的正切值表示。损耗角越大，电容器的介质损耗越大，损耗角大的电容不适合在高频情况下工作。

四、电容器的型号

1. 型号命名

国产电容器的型号一般由四部分组成（不适用于压敏、可变、真空电容器），依次分别代表主称、材料、特征和序号。

第一部分：主称，用一个字母表示，电容器为C。

第二部分：产品的主要材料，一般用一个字母表示，见表3-1。

表3-1 材料的代号

字母代号	电容器
A	钽电解
B①	非极性有机薄膜介质
C	1类陶瓷介质
D	铝电解
E	其他材料电解
G	合金电解
H	复合介质
I	玻璃釉介质
J	金属化纸介质
L②	极性有机薄膜介质
N	铌电解
O	玻璃膜介质
Q	漆膜介质
S	3类陶瓷介质

(续)

字母代号	电容器
T	2类陶瓷介质
V	云母纸介质
Y	云母介质
Z	纸介质

① 用 B 表示聚苯乙烯薄膜介质，采用其他薄膜介质时，在 B 的后面再加一个字母来区分具体使用的材料。区分具体材料的字母由有关规范规定。如介质材料是聚丙烯薄膜介质，则用"BB"表示。

② 用 L 表示聚酯膜介质，采用其他薄膜介质时，在 L 的后面再加一个字母来区分具体使用的材料。区分具体材料的字母由有关规范规定。如介质材料是聚碳酸酯薄膜介质，则用表"LS"表示。

第三部分：产品的主要特征，一般用一个数字或一个字母表示，见表3-2。

表 3-2 特征的代号

数学或字母	瓷介电容器	云母电容器	有机介质电容器	电解电容器
1	圆形	非密封	非密封（金属箔）	箔式
2	管形（圆柱）	非密封	非密封（金属化）	箔式
3	迭片	密封	密封（金属箔）	烧结粉　非固体
4	多层（独石）	独石	密封（金属化）	烧结粉　固体
5	穿心		穿心	
6	支柱式		交流	交流
7	交流	标准	片式	无极性
8	高压	高压	高压	
9			特殊	特殊
G	高功率			

第四部分：序号，用数字表示。具体表示方法与电阻器相同。

2. 容量标示

（1）**直标法**　用数字和单位符号直接标出，如 $1\mu F$ 表示 1 微法。有些电容用"R"表示小数点，如 R56 表示 $0.56\mu F$。

（2）**代码标志法**　用数字和文字符号的有规律组合来表示容量。

（3）**允许偏差的表示方法**　以百分数表示对称允许偏差和非对称允许偏差。

五、电容器充放电

电容是一种以电场形式储存能量的无源器件。在有需要的时候，电容能够把储存的能量释出至电路。电容由两块导电的平行板构成，在板之间填充上绝缘物质或介电物质。电容的基本结构和符号如图 3-5 所示。

当电容连接到直流电（DC）的电路时，在特定的情况下，有两个过程会发生，分别是电容的"充电"和"放电"。

若电容与直流电源相接，如图 3-6 所示，电路中有电流流动。两块板会分别获得数量相等的相反电荷,此时电容正在充电,其两端的电位差 V_c 逐渐增大。一旦电容两端电压 V_c 增大至与电源电压 V 相等时,即 $V_c=V$,电容充电完毕,电路中再没有电流流动,而电容的充电过程完成。

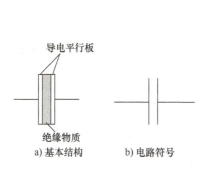

图 3-5 电容的结构和电路符号

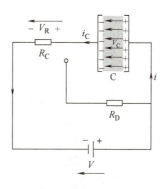

图 3-6 电容正在充电

由于电容充电过程完成后,就没有电流流过电容器,所以在直流电路中,电容可等效为断路或 $R=\infty$,电容上的电压 V_c 不能突变。

当切断电容和电源的连接后,电容通过电阻 R_D 进行放电,两块板之间的电压将会逐渐下降为零,$V_c=0$,如图 3-7 所示。

在图 3-6 和图 3-7 中,R_c 和 R_D 的电阻值分别影响电容的充电和放电速度。

电阻值和电容值的乘积被称为时间常数 τ,这个常数描述电容的充电和放电速度。电容值或电阻值越小,时间常数也越小,电容的充电和放电速度就越快,反之亦然。

电容几乎存在于所有电子电路中,它可以作为"快速电池"使用。如在照相机的闪光灯中,电容作为储能元件,在闪光的瞬间快速释放能量。

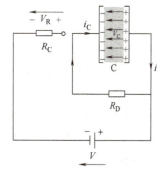

图 3-7 电容正在放电

六、电容器的选用

电容器在电路中实际承受的电压不能超过其耐压值,即额定工作电压。在滤波电路中,电容器的耐压值不应小于交流电压有效值的 1.42 倍。使用电解电容时,还要注意正、负极不要接反。

不同电路应该选用不同种类的电容器。谐振回路可以选用云母介质、1 类陶瓷介质电容器;隔直流可以选用纸介质、极性有机薄膜介质、云母介质、电解、陶瓷介质等电容器;滤波可以选用电解电容器;旁路可以选用极性有机薄膜介质、纸介质、陶瓷介质、电解等电容器。

将电容器装入电路前,要检查其有没有短路、断路和漏电等现象,并且要核对它的电容值。安装时,要使电容器的类别、容量、耐压等参数容易被看到,以便于核实。

七、电容器检测

1. 固定电容器的检测

(1) 10pF 以下小电容器的检测　因 10pF 以下的固定电容器容量太小,用指针式万用表进行测量时，只能定性地检查其是否有漏电、内部短路或击穿现象。测量时，可选指针式用万用表的 R×10k 档，两表笔分别任意接电容器的两个引脚，阻值应为无穷大。若测出阻值（指针向右摆动）为零，则说明电容器漏电损坏或内部击穿。

(2) 检测 10PF～001μF 固定电容器的检测　可采用如下方法：将指针式万用表调至 R×10k 档，选用两只 β 值（晶体管电流放大倍数）大于 100 的晶体管 3DG6（或 9013）组成复合管，其电路原理图如图 3-8 所示。利用复合管的放大作用，把被测电容的充电电流予以放大，以增大指针式万用表指针的摆动幅度。将被测电容接于复合管的基极 b 与集电极 c 间，指针式万用表的红、黑表笔分别与复合管的发射极 e 和集电极 c 相接。如果指针式万用表的指针微摆动后返回至无穷大处，则说明电容正常；如果指针不动或不能返回至无穷大处，则说明电容已损坏。在测试操作时，特别是在测量较小容量电容时，要反复调换被测电容引脚接触 A、B 两点，以明显地看到指针式万用表指针的摆动。

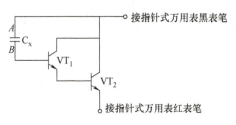

图 3-8　复合管测电容

(3) 0.01μF 以上的固定电容的检测　可用指针式万用表的 R×10k 档直接测试电容器有无充电过程以及有无内部短路或漏电现象，并根据指针向右摆动的幅度大小估计出电容器的容量。

2. 电解电容器的检测

1) 因为电解电容器的容量较一般固定电容大得多，所以测量时，应针对不同容量选用合适的万用表量程。根据经验，一般情况下，电容为 1～47μF 时，可用 R×1k 档测量，电容大于 47μF 时，可用 R×100 档测量。

2) 将指针式万用表红表笔接负极，黑表笔接正极，在刚接触的瞬间，指针式万用表指针即向右偏转较大幅度（对于同一电阻档，容量越大，摆幅越大），接着逐渐向左回转，直到停在某一位置。此时的阻值便是电解电容器的正向漏电阻，此值略大于反向漏电阻。实际使用经验表明，电解电容器的漏电阻一般应在几百 kΩ 以上，否则将不能正常工作。在测试中，若正向、反向均无充电的现象，即表针不动，则说明电容器的容量消失或内部断路；如果所测阻值很小或为零，则说明电容器漏电大或已击穿损坏，不能再使用。

3) 对于正、负极标志不明的电解电容器，可利用上述测量漏电阻的方法加以判别。即先任意测一下漏电阻，记住其大小，然后交换表笔再测出一个阻值。两次测量中阻值大的那一次便是正向接法，即黑表笔接的是正极，红表笔接的是负极。

4) 使用指针式万用表电阻档，采用对电解电容器进行正、反向充电的方法，根据指针向右摆动幅度的大小，估测出电解电容器的容量。

3. 可变电容器的检测

1) 用手轻轻旋动转轴，应感觉十分平滑，不应感觉有时松时紧甚至卡滞现象。将转轴向前后、上下、左右等各个方向推动时，不应有松动的现象。

2) 用一只手旋动转轴，另一只手轻摸动片组的外缘，不应有任何松脱现象。转轴与动片之间接触不良的可变电容器，是不能再继续使用的。

3) 将指针式万用表置于 R×10k 档，一只手将两个表笔分别接可变电容器的动片和定片的引出端，另一只手将转轴缓慢地旋动几个来回，指针式万用表指针都应在无穷大位置不动。

在旋动转轴的过程中，如果指针有时指向零，说明动片和定片之间存在短路点；如果在某一角度时，指针式万用表读数不为无穷大而是出现一定阻值，则说明可变电容器动片与定片之间存在漏电现象。

任务三　二极管的认识

一、二极管的物理基础

1. 半导体的应用

半导体的导电能力介于导体和绝缘体之间，它们的原子结构最外层都是四个电子，如硅（Si）、锰（Mn）及其氧化物。半导体的应用如下：

1）半导体对温度特别敏感，环境温度升高时，它们的导电能力会增强很多，利用这种特性可制成各种热敏电阻。

2）有些半导体（如镉、铅等的硫化物）在受到光照时，其导电能力变得很强；当无光照时，它们又变得像绝缘体那样不导电，利用这种特性可制成光敏电阻。

3）在纯净的半导体中掺入某种微量杂质元素后，其导电能力将大幅度增强，例如，在纯净的硅中掺入1%的硼（B），硅的电阻率将从大约 $2\times10^3\Omega\cdot m$ 减小到 $4\times10^{-3}\Omega\cdot m$。利用这种特性可制成各种不同用途的半导体器件，如二极管、晶体管、场效应管及晶闸管等。

2. 本征半导体

完全纯净的、具有完整晶体结构的半导体，称为本征半导体。常用的本征半导体是硅和锗。

硅或锗是四价元素，其最外层电子轨道上有四个价电子。在本征半导体的晶体结构中，相邻两个原子的价电子相互共有，即每个原子的四个价电子既受自身原子核的束缚，又为相邻的四个原子所共有；每两个相邻原子之间都共有一对价电子。这种组合方式称为共价键结构，图3-9a所示为单晶硅共价键结构的平面示意图。

在共价键结构中，每个原子的最外层虽然因具有八个电子而处于较为稳定的状态，但是共价键中的价电子并不像绝缘体中的电子被束缚得那样紧。在室温下，有极少数价电子由于热运动获得了足够的能量，从而脱离共价键束缚成了自由电子。

当一部分价电子挣脱共价键的束缚成为自由电子后，共价键中就留下相应的空位，这个空位被称为空穴。原子因失去一个价电子而带正电，也可以说空穴带正电。在本征半导体中，电子与空穴总是成对出现的，它们被称为电子空穴对，如图3-9b所示。

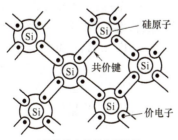
a）单晶硅中的共价键结构

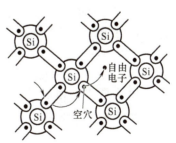
b）电子空穴对的形成

图3-9　共价键和电子空穴对

因此，在半导体两端加上外电压时，半导体中将出现两部分电流，这就是半导体导电方式的最大特点，也是半导体和金属导体在导电原理上的本质差别。

自由电子和空穴统称为载流子。本征半导体中的自由电子和空穴总是成对出现，同时又不断复合的。在一定温度下，当载流子的产生和复合达到动态平衡时，半导体中的载流子便会维持一定的数目。温度越高，载流子的数目就越多，半导体的导电性就越好，所以温度对半导体器件的性能影响很大。

3. 杂质半导体

在本征半导体中，如果掺入微量的杂质（某些特殊元素），将使掺杂后的半导体的导电能力显著改变，这种半导体称为杂质半导体。根据掺入杂质性质的不同，杂质半导体分为电子型半导体（N型）和空穴型半导体（P型）两大类。

（1）N型半导体　在纯净的硅晶体中掺入微量的五价元素，如磷时，硅原子占有的某些位置会被掺入的微量磷原子所取代，而整个晶体结构基本不变，如图3-10a所示。磷原子与硅原子组成共价键的结构只需四个价电子，而磷原子的最外层有五个价电子，多余的那个价电子不受共价键的束缚，只需获得很少的能量就能成为自由电子。由此可见，掺入一个五价元素的原子，就能提供一个自由电子。需要注意的是，产生自由电子的同时并没有产生空穴，但由于热运动，原有的晶体仍会产生少量的电子空穴对。所以，只要在本征半导体中掺入微量的五价元素，就可以得到大量的自由电子，而且自由电子的数目比掺杂前的电子空穴对的数目多得多。这种以自由电子导电为主要导电方式的杂质半导体称为电子型半导体，简称N型半导体。N型半导体中存在着大量的自由电子，这就提高了电子与空穴的复合机会，相同温度下空穴的数目比掺杂前要少。所以，在N型半导体中，电子是多数载流子（简称多子），空穴是少数载流子（简称少子），如图3-10b所示。N型半导体主要靠自由电子导电，掺入的杂质浓度越高，自由电子的数越多，导电能力也就越强。

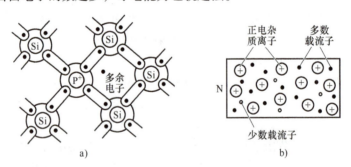

图3-10　单晶硅中掺入五价元素形成N型半导体

（2）P型半导体　在纯净的硅（或锗）晶体内掺入微量的三价元素硼（或铟），因硼原子的最外层有三个价电子，当它与周围的硅原子组成共价键结构时，会因缺少一个电子而在晶体中产生一个空穴，如图3-11a所示，掺入多少三价元素的杂质原子，就会产生多少空穴。这种半导体将以空穴导电为其主要导电方式，故称其为空穴型半导体，简称P型半导体。P型半导体是空穴为多子，电子为少子的杂质半导体，如图3-11b所示。需要注意的是，产生空穴的同时并没有产生新的自由电子，但原有的晶体仍会产生少量的电子空穴对。

P型半导体中，一个三价元素的杂质原子产生一个空穴，杂质原子产生的空穴很容易被相邻共价键中的电子填补，这样，杂质原子就会因获得一个电子而带负电荷，成为带负电荷的

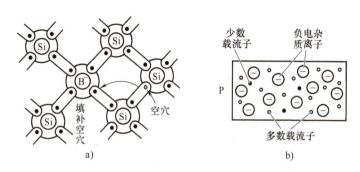

图 3-11 单晶硅中掺入三价元素形成 P 型半导体

杂质离子。因此,P 型半导体可以用带有负电荷而不能运动的杂质离子和与之数量相等的空穴来表示,其中有少量由热激发产生的电子空穴对。P 型半导体主要靠空穴导电,掺入的杂质浓度越高,空穴数目越大,导电能力也就越强。

从以上分析可知,不论是 N 型半导体还是 P 型半导体,它们的导电能力是由多子的浓度决定的。可以认为,多子的浓度约等于掺杂原子的浓度,它受温度的影响很小。

4. PN 结

在一块硅片上采用不同的掺杂工艺,一边形成 N 型半导体,另一边形成 P 型半导体,则在两种半导体的交界面附近将形成 PN 结。PN 结是构成各种半导体器件的基础。

(1) PN 结的形成 在一块硅或锗的晶片上,采取不同的掺杂工艺,分别形成 N 型半导体区和 P 型半导体区。N 区的多数载流子为电子,少子为空穴,即电子浓度高,空穴浓度低;而 P 区正相反,其多数载流子为空穴,少子为电子,即空穴浓度高,电子浓度低。在 P 区与 N 区的交界面两侧,由于浓度差,空穴要从浓度高的 P 区向浓度低的 N 区扩散,N 区的自由电子则向 P 区扩散,这种由于浓度的差别而引起的运动称为扩散运动。这样,在 P 区就留下了一些带负电荷的杂质离子,在 N 区就留下了一些带正电荷的杂质离子,从而形成一个空间电荷区,这个空间电荷区就是 PN 结。在空间电荷区内,只有不能移动的杂质离子而没有载流子,所以空间电荷区具有很高的电阻率,如图 3-12 所示。

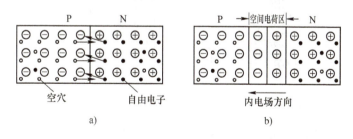

图 3-12 PN 结的形成

空间电荷区形成了一个从带正电荷的 N 区指向带负电荷的 P 区的电场,称为内电场。显然,不论是 P 区的多子空穴,还是 N 区的多子电子,在扩散过程中通过空间电荷区时,都要受到内电场的阻力。内电场阻止多数载流子的继续扩散,因此,随着扩散运动的进行,空间电荷区将不断变宽,内电场将不断加强,扩散运动将不断减弱。另一方面,由于内电场的存在,P 区的少数载流子电子向 N 区漂移,N 区的少数载流子空穴向 P 区漂移,少数载流子在内电场作用下产生的定向运动称为漂移运动。不论是 P 区的少子电子,还是 N 区的少子空穴,在内电场作用下向对方漂移的结果,都会导致空间电荷区变窄,内电场被削弱。

由此可见，在P区与N区的交界面进行着两种相反的运动，即扩散运动和漂移运动。开始时，扩散运动占优势，随着扩散运动的进一步进行，内电场不断加强，迫使扩散运动逐渐减弱。随后，内电场的加强更有利于少数载流子的漂移运动。而在一定温度下，少子的数目是有限的，所以在交界面进行的两种相反的运动——扩散与漂移，最终会达到动态平衡。这时，空间电荷区的宽度将不再变化，内电场强度将为某一稳定的值。

(2) PN结的单向导电性 若在PN结两端外加电压，将会破坏PN结原有的平衡。如图3-13a所示，P区接电源正极，N区接电源负极，由于外电场的方向与内电场的方向相反，在外电场的作用下，P区的空穴要向N区移动，与一部分杂质负离子中和，同样，N区的电子要向正空间电荷区移动，与一部分杂质正离子中和。结果是使空间电荷区变窄，内电场被削弱，有利于多数载流子的扩散运动，形成较大的正向电流。在一定范围内，外加电压越高，外电场越强，空间电荷区就越窄，扩散运动所形成的正向电流也越大。因此，加正向电压时，PN结呈低电阻而处于导通状态。空穴与电子虽然带有不同极性的电荷，但由于它们运动的方向相反，形成的电流方向是一致的，PN结的正向电流为空穴电流和电子电流两部分之和，电流方向由P区指向N区。

若外接电压方向相反，即如图3-13b所示，N区接电源正极，P区接电源负极，则外电场方向与内电场方向一致。外电场加强了内电场，结果是阻止多子的扩散，有利于少子的漂移运动，使空间电荷增加，空间电荷区变宽。P区的少子电子和N区的少子空穴都会向对方漂移而形成反向电流（由N区指向P区），因少数载流子的数量很少，所以反向电流一般很小。但由于少数载流子的数目受温度的影响很大，温度越高，少数载流子的数目就越多，反向电流就会相应增大。因此，在PN结外加反向电压时，PN结呈高阻而处于反向截止状态。

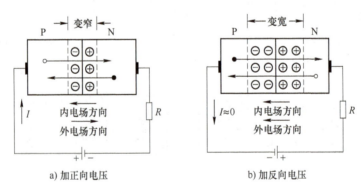

图3-13 PN结的正向和反向偏置

由此看来，PN结正偏时导通，电阻很小，电流很大；反偏时截止，电阻很大，电流很小。这就是PN结的单向导电性。

二、二极管的基本结构

二极管是由一个PN结作为管心，外加管壳与电极引线构成的。从P区引出的电极称为阳极或正极，用"+"表示；从N区引出的电极称为阴极或负极，用"-"表示。

按结构分类，二极管有点接触型和面接触型，如图3-14所示。点接触型一般为锗管，由于其PN结结面积很小，因此结电容很小。所谓结电容是由于PN结的P区和N区带有不同的电荷，可以看成电容器的两个极板，因此把 PN 结的电容称为结电容。一般点接触型二极管适用于高频小功率的工作或数字电路中的开关元件。面接触型一般为硅管，因其 PN 结结面积很大（结电容大），故可通过较大电流。

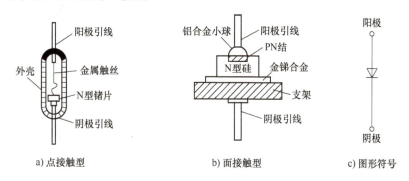

图 3-14 二极管的结构类型及符号

三、二极管的伏安特性

二极管的伏安特性就是加在二极管两端的电压与流过二极管电流之间的关系，即 $I = f(U)$。图 3-12 所示为硅二极管和锗二极管的实际伏安特性曲线。由图可见，二极管的伏安特性是非线性的，说明二极管是非线性元件。

1. 正向特性

在图 3-15 中，曲线①部分为正向特性。由图可见，在外加正向电压较小时，由于外电场较弱，还不足以克服 PN 结内电场对多数载流子扩散运动的阻力。因此，此时正向电流很小，几乎为零，二极管呈现出很大的电阻。

电流几乎为零的范围称为死区电压或阈值电压，用 U_T 表示，一般硅二极管的死区电压为 0.7V，锗二极管的死区电压为 0.3V。

当正向电压超过死区电压后，PN 结内电场被大大削弱，电流急剧增大，二极管处于正向导通状态。此时二极管的电阻很小，其电压降也很小，一般约为死区电压。

2. 反向特性

在图 3-12 中，曲线②部分为反向特性。二极管加反向电压时，由少数

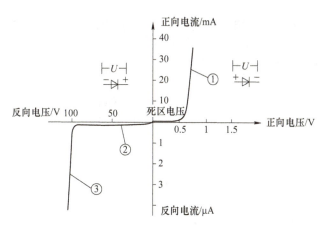

图 3-15 二极管的伏安特性

载流子漂移而形成的反向电流很小，而且在一定电压范围内，该电流基本不随反向电压而变化，这个电流称反向电流。反向电流只随着温度的升高而增大。一般硅二极管的反向电流为一到几十微安，锗二极管的反向电流为几十到几百微安。由二极管的正向特性及反向特性可以看出其单向导电性。

3. 反向击穿特性

当外加反向电压达到一定值时，反向电流将突然增大，二极管失去单向导电性，这种现

象称为击穿，如图 3-12 中的曲线③部分。二极管被击穿后一般不能恢复原来的特性。击穿发生在空间电荷区，一种原因是当反向电压升高到一定数值时，因外电压过强，把共价键中的价电子强行拉出，造成很大的反向电流；另一种原因是强电场引起自由电子加速后与原子碰撞，将价电子轰击出共价键而产生新的电子空穴对，使少数载流子的数量增加，形成很大的反向电流。反向击穿电压用 U_{BR} 表示。

四、二极管的主要参数

二极管的参数是表征二极管性能及其适用范围的重要数据，是选择二极管时的主要依据。

1. 最大整流电流 I_{OM}

最大整流电流是指二极管长期工作时，允许通过二极管的最大正向平均电流，用 I_{OM} 表示。使用时不能超过最大整流电流，否则会使二极管迅速损坏。

2. 最大反向工作电压 U_{RM}

最大反向工作电压是指二极管不被击穿所允许的最大反向电压，用 U_{RM} 表示。一般取击穿电压的 1/3～2/3 作为最大反向电压。

3. 最大反向电流 I_{RM}

最大反向电流是指二极管加最大反向电压时的反向电流，用 I_{RM} 表示。反向电流越小，二极管的单向导电性越好。

五、二极管的主要应用

二极管的应用范围很广，主要利用它的单向导电性，如整流、检波、限幅、钳位、隔离、元件保护，以及在数字电路中作为开关元件等。

1. 整流

利用二极管的单向导电性可将交流电压变为脉动的直流电压，称为整流，如图 3-16 所示。在正半周时，二极管导通（理想二极管相当于短路）；在负半周时，二极管截止（理想二极管相当于开路）。

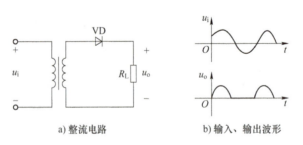

a) 整流电路　　b) 输入、输出波形

图 3-16　二极管的整流电路及其波形

2. 检波

电台发射的信号有音频和载波（高频交流波），只有把音频信号附在载波上才能发射得更远，而接收装置（如收音机、电视机等）是把音频和载波一起接收。把载波去掉，留下有用的音频信号，就称为检波，如图 3-17 所示。

3. 限幅

限幅的作用是限制输出电压的幅度，如图 3-18 所示，U_i 为正弦波，U_S 为限幅电压，且

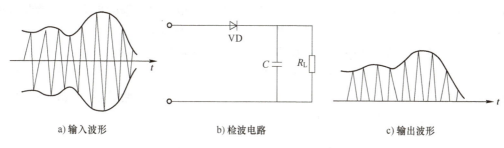

a) 输入波形　　　　　b) 检波电路　　　　　c) 输出波形

图 3-17　二极管检波电路及其波形

$U_S < U_m$。当 $U_i < U_S$ 时，二极管截止（相当于断路），u_o 的波形与 u_i 波形相同（$U_o = U_i$）；当 $U_i > U_S$ 时，二极管导通（相当于短路），$U_o = U_S$。此时，电路的最大正向输出电压为 U_S，称为正向限幅电路。

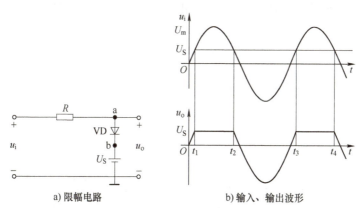

a) 限幅电路　　　　　　　　b) 输入、输出波形

图 3-18　限幅电路及其波形

4. 钳位与隔离

当二极管正向导通时，由于正向压降很小，可以忽略，所以强制使其阳极电位与阴极电位基本相等，这种作用称为二极管的钳位作用。

当二极管加反向电压截止时，相当于断路，阳极与阴极断开，称为二极管的隔离作用，如图 3-19 所示。

当输入电位 $U_A = 3V$，$U_B = 0$ 时，因为二极管 VD_A 两端的电压大于二极管 VD_B 的电压，所以 VD_A 就优先导通。若忽略管压降，则 $U_F \approx 3V$，VD_B 上加的是反向电压，因而截止。U_F 的电位被钳制在 3V，VD_A 起钳位作用，VD_B 起隔离作用，即把输入端 B 与输出端 F 隔离开来，使二极管有较强的抗干扰能力。

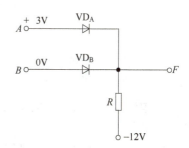

图 3-19　二极管的钳位与隔离作用

六、常用二极管

1. 稳压二极管

稳压二极管（单向击穿二极管）是一种特殊的面接触型二极管，它和普通二极管一样也有一个 PN 结，然而它只有在与适当数值的电阻串联后才有稳压作用。它的符号如图 3-20a 所示。

稳压二极管的伏安特性与普通二极管相似，其差别是稳压二极管的反向击穿性曲线比普通二极管陡，且工作在击穿区，即曲线的 BC 段，如图 3-20b 所示。

由图 3-20b 可见，稳压二极管击穿后，当反向电流在相当大的范围内变化时，稳压二极管两端电压的变化却很小，利用这一特性，稳压二极管在电路中可起到稳压作用。

稳压二极管是一种特殊二极管，当去掉反向电压后，稳压二极管又能恢复正常工作。但当反向电流超过允许范围时，它将因过热击穿而损坏。

2. 发光二极管

发光二极管是一种光电元件，它是能把电能变为光能的半导体器件。发光二极管正向导通时发光，反向截止时则不发光，其图形符号如图 3-21a 所示。

3. 光电二极管

光电二极管也是一种光电元件，它能把光信号变为电信号。当光电二极管被光照射时，其中就会有电流，无光照射时则无电流，利用这一特性可以实现各种控制。其图形符号如图 3-21b 所示。

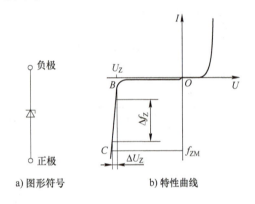

图 3-20　稳压二极管的图形符号及特性曲线

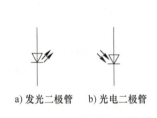

图 3-21　二极管的图形符号

任务四　晶体管的认识

半导体晶体管是电子电路中最重要的电子器件之一，它具有电流放大作用和开关作用，在汽车电路中，这两个作用的应用都较为广泛。

双极型晶体管（以下简称晶体管）的外形如图 3-22 所示，它是一种固体半导体器件。可以说它是电子电路中最重要的器件，它最主要的功能是电流放大和开关作用。和一般机械开关的不同之处在于，晶体管是利用电信号进行控制的，而且开关速度可以非常快，最高的切

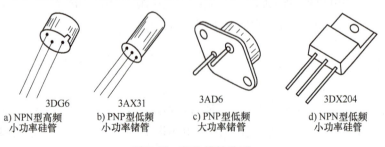

图 3-22　晶体管的外形

换速度可达 100GHz 以上。

晶体管的结构主要有平面型和合金型两大类，如图 3-23 所示。硅管主要是平面型，锗管主要是合金型。晶体管是通过一定的工艺在一块半导体基片上制成两个 PN 结，再引出三个极，然后用管壳封装而成。

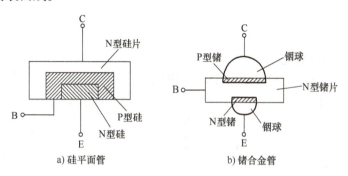

图 3-23　晶体管的结构

晶体管顾名思义具有三个电极。二极管是由一个 PN 结构成的，而晶体管由两个 PN 结构成，共用的一个电极称为晶体管的基极（用字母 B 表示），其他两个电极称为集电极（用字母 C 表示）和发射极（用字母 E 表示）。由于不同的组合方式，可形成两种类型的晶极管，一种是 NPN 型晶体管，另一种是 PNP 型晶体管，其结构如图 3-24 所示。

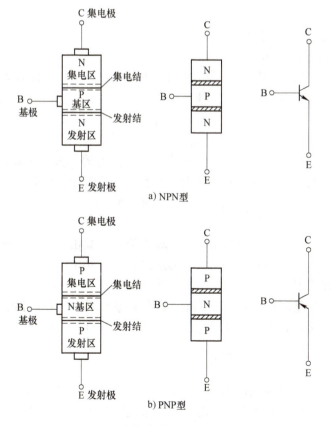

图 3-24　晶体管的结构示意图及图形符号

1. 晶体管实现放大作用的外部条件

下面以 NPN 型晶体管为例来分析晶体管的电流放大原理。为了使晶体管具有电流放大作用，在电路的联结（即外部条件）上必须使发射结加正向电压（正向偏置），集电结加反向电压（反向偏置）。

为了定量地说明晶体管的电流放大与分配关系，用图 3-25 所示的试验电路来测量这三个电流。电路的极性应按图中所示的接法，发射极是公共端，这种接法称为晶体管的共发射极接法。以此类推，晶体管还有共基极和共集电极的电路接法。E_B 和 E_C 的极性一定要正确，且 $E_C > E_B$。晶体管的放大条件：发射结正偏，集电结反偏，这样晶体管才有电流放大作用。晶体管的电流关系见表 3-3。

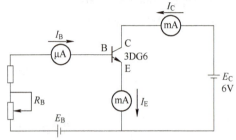

图 3-25　晶体管电流放大试验电路

表 3-3　晶体管的电流关系表　　　　　　　　　　（单位：mA）

I_B	0	0.02	0.04	0.06	0.08	0.10
I_C	<0.001	0.70	1.50	2.30	3.10	3.95
I_E	<0.001	0.72	1.54	2.36	3.18	4.05

由以上数据可知：

1) 当 $I_B = 0$ 时，$I_C = I_E$ 且值很小，约等于零。

2) 每组数据均满足 $I_E = I_C + I_B$。

3) 每组数据的 I_C 均远大于 I_B，I_C 与 I_B 的比值称为晶体管共射接法时的静态（直流）电流放大系数，用 $\bar{\beta}$ 表示。即（以其中一组数据为例）

$$\bar{\beta} = \frac{I_C}{I_B} = \frac{2.30}{0.06} = 38.3$$

4) 基极电流 I_B 的微小变化 ΔI_B，会引起集电极电流 I_C 的很大变化 ΔI_C，ΔI_C 与 ΔI_B 的比值称为晶体管共射接法时的动态（交流）电流放大系数，用 β 表示。即

$$\beta = \frac{\Delta I_C}{\Delta I_B} = \frac{2.30 - 1.50}{0.06 - 0.04} = \frac{0.80}{0.02} = 40$$

由此可看出，晶体管 I_B 的微小变化可以引起 I_C 的较大变化，如果将微小的信号加在基极上，会产生微小的电流 I_B，但可以得到较大的电流 I_C，这就是电流放大作用。必须注意：晶体管的电流放大作用实质上是电流控制作用，是用一个较小的基极电流去控制一个较大的集电极电流，这个较大的集电极电流是由直流电源 E_C 提供的，并不是晶体管本身把一个小的电流放大成了一个大的电流，这一点可用能量守恒的观点去分析。所以，晶体管是一种电流控制器件。

2. 晶体管的特性曲线

晶体管外部各极电压和电流的关系曲线，称为晶体管的特性曲线，又称伏安特性曲线。它不仅能反映晶体管的质量与特性，还能用来定量地估算出晶体管的某些参数，是分析和设计晶体管电路的重要依据。

对于晶体管的不同连接方式，有着不同的特性曲线。其中，应用最广泛的是共发射极电

路，其基本测试电路如图 3-26 所示。共发射极特性曲线可以用描点法绘出，也可以由晶体管特性图示仪直接显示出来。

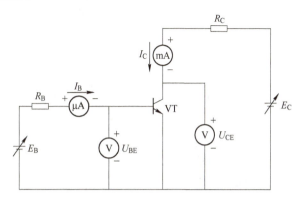

图 3-26　晶体管共发射极特性曲线测试电路

（1）输入特性曲线　在晶体管共射极连接的情况下，当集电极与发射极之间的电压 U_{BE} 维持不同的定值时，U_{BE} 和 I_B 之间的关系曲线，称为共射极输入特性曲线，如图 3-27 所示。输入特性曲线的数学表达式为

$$I_B = f(U_{BE})_{U_{CE}=常数} \tag{3-1}$$

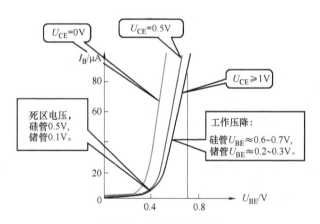

图 3-27　输入特性曲线

图 3-27 所示这簇曲线有下面几个特点：

1）$U_{CE}=0$ 的一条曲线与二极管的正向特性相似。这是因为 $U_{CE}=0$ 时，集电极与发射极短路，相当于两个二极管并联，这样 I_B 与 U_{CE} 的关系就成了两个并联二极管的伏安特性。

2）U_{CE} 由零开始逐渐增大时，输入特性曲线右移，而且当 U_{CE} 的数值增至较大时（如 $U_{CE} \geqslant$ 1V），各曲线几乎重合。这是因为 U_{CE} 由零逐渐增大时，使集电结宽度逐渐增大，基区宽度相应地减小，使存储于基区的注入载流子的数量减小，复合减小，因而 I_B 减小。为了保持 I_B 为定值，必须加大 U_{BE}，即使曲线右移。当 U_{CE} 较大时（如 $U_{CE} \geqslant 1V$），集电结所加反向电压已足能把注入基区的绝大部分非平衡载流子都拉向集电极，以致 U_{CE} 再增加，I_B 也不再明显地减小，这样就出现了各曲线几乎重合的现象。

和二极管一样，晶体管也有一个门限电压 U_{TH}，通常硅管为 0.5～0.6V，锗管为 0.1～0.2V。

(2) 基极电流 I_B 输出特性曲线 输出特性曲线是指当集射极电压 U_{CE} 为常数时，集射极电压 U_{CE} 与集电极电流 I_C 之间的关系曲线，如图 3-28 所示，测试电路如图 3-26 所示。

输出特性曲线的数学表达式为

$$I_C = f(U_{CE})_{I_B = 常数} \quad (3-2)$$

由图 3-28 可以看出，输出特性曲线可分为三个区域：

1）截止区：$I_B = 0$ 的那条特性曲线以下的区域。在此区域里，晶体管的发射结和集电结都处于反向偏置状态，晶体管失去了放大作用，集电极只有微小的穿透电流 I_{CEO}。

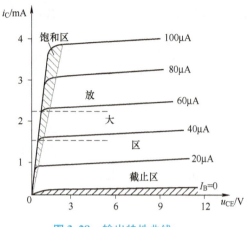

图 3-28 输出特性曲线

2）饱和区：在此区域内，对应不同 I_B 值的输出特性曲线簇几乎重合在一起。也就是说，U_{CE} 较小时，I_B 虽然增大，但增大得不多，即 I_B 失去了对 I_C 的控制能力。这种情况称为晶体管的饱和。饱和时，晶体管的发射结和集电结都处于正向偏置状态。

3）放大区：在截止区以上，介于饱和区与击穿区之间的区域为放大区。在此区域内，特性曲线近似于一簇平行等距的水平线，I_C 的变化量与 I_B 的变量基本保持线性关系，即 $\Delta I_C = \beta \Delta I_B$，且 $\Delta I_C \gg \Delta I_B$。在此区域内，晶体管具有电流放大作用。在放大区，晶体管的发射结处于正向偏置状态，集电结处于反向偏置状态。

3. 晶体管的放大特性

从表面上看，放大是将信号由小变大；实质上，放大的过程是实现能量转换的过程，即用较小的能量去控制较大的能量。

(1) 共射极基本放大电路的组成原则

1）必须有直流电源，而且电源应保证晶体管的发射结正偏，集电结反偏，使晶体管处于放大状态。

2）元件的安排要保证信号的传输，即信号能从输入端输入，放大后能从输出端输出。

3）元件的选择要保证信号能不失真地被放大，并且满足放大电路的性能指标要求。

(2) 各元件的作用

1）晶体管 VT。图 3-29 中的晶体管 VT 是放大电路的放大元件，利用它的电流放大作用，在集电极电路获得放大的电流，此电流受输入信号的控制。从能量的角度来看，输入信号的能量较小，而输出信号的能量较大，但不是说放大电路把输入的能量放大了，因为能量是守恒的，不能被放大，输出的较大能量来自直流电源 E_C。即能量较小的输入信号通过晶体管的控制作用，去控制电源 E_C 所供给的能量，以便在输出端获得一个能量较大的信号。这种小能量对大能量的控制作用，就是放大作用的实质，所以晶体管是一个控制元件。

2）集电极电源 E_C。其作用是为整个电路提供能源，保证晶体管的发射结正向偏置，集电结反向偏置。E_C 一般为几伏到几十伏。

3）基极电源 E_B 与基极电阻 R_B。E_B 和 R_B 使发射结处于正偏，并提供大小适当的基极偏置电流，使放大电路得到合适的工作点。R_B 的阻值一般为几十千欧。

4）集电极电阻 R_C。其作用是将集电极电流的变化转换成电压的变化，以实现电压的放大。R_C 的阻值一般为几千欧到几十千欧。

5)耦合电容 C_1 和 C_2。它们分别接在放大电路的输入端和输出端,利用电容器对直流的阻抗很大,对交流的阻抗很小这一特性,隔断放大电路的输入端与信号源以及输出端与负载之间的直流通路,保证放大电路的静态工作点不因输入——输出的连接而发生变化。同时,又要保证交流信号畅通无阻地经过放大电路,沟通信号源、放大电路和负载三者之间的交流通路。通常要求电容 C_1 和 C_2 上的交流压降小到可以忽略不计,即对交流信号可视作短路,所以电容值要求取值较大(一般为 5~50μf),对交流信号频率其容抗近似为零。因为用的是极性电容器,所以连接时一定要注意其极性。

6)符号"⊥"为接地符号,是电路中的零参考电位。图 3-29 所示电路中用两个电源 E_B、E_C 供电。实际上 E_B 可以省去,再把 R_B 改接一下,只由 E_C 供电,这样只要适当增大 R_B,使 I_B 维持不变即可。单电源供电的共射极单管放大电路如图 3-30 所示。

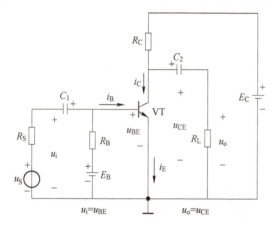

图 3-29 共射极单管放大电路　　　　图 3-30 单电源供电的共射极单管放大电路

4. 共发射极放大电路的静态分析

(1)**静态**　输入信号为零时,电路中只有直流而无交流,称该放大电路为直流工作状态或静态。

(2)**静态工作点**　在静态电路中,各极电流和各极电压分别用 I_B(I_{BQ})、I_C(I_{CQ})和 U_{BE}(U_{BEQ})、U_{CE}(U_{CEQ})表示,它们代表着输入、输出特性曲线上的一个点,所以习惯上称它们为静态工作点,简称 Q 点。

(3)**直流通路**　直流通路是指当输入信号 $u_i = 0$ 时,在直流电源 U_{CC} 的作用下,直流电流所流过的路径。直流通路用于研究静态工作点。

画直流通路的规则:电容器视为开路;电感线圈视为短路(即忽略线圈电阻);信号源视为短路,但应保留其内阻。图 3-31 所示为共射极放大电路,其直流通路如图 3-32 所示。

由输入回路方程可得
$$U_{CC} = I_B R_B + U_{BE} \tag{3-3}$$

则
$$I_B = \frac{U_{CC} - U_{BE}}{R_B} \approx \frac{U_{CC}}{R_B} \tag{3-4}$$

由于 $U_{CC} \gg U_{BE}$(硅管 U_{BE} 约为 0.7V,锗管 U_{BE} 约为 0.3V),故上式中 U_{BE} 可忽略不计。显然,当 U_{CC} 和 R_B 确定后,静态基极电流 I_B 就近似为一个固定值。因此,常把这种电路称为固定式偏置放大电路,I_B 称为固定偏置电流,R_B 称为固定偏置电阻。

由 I_B 可得出静态时的集电极电流为
$$I_C = \beta I_B \tag{3-5}$$

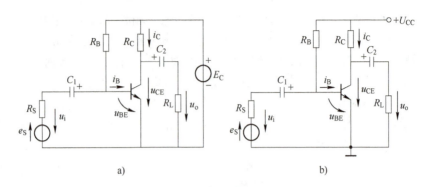

图 3-31 共射极放大电路

由输出回路可得
$$U_{CE} = U_{CC} - I_C R_C \tag{3-6}$$

5. 共发射极放大电路的动态分析

动态是指放大电路加入交流输入信号（$u_i \neq 0$）时的状态。即在静态分析的基础上，当放大电路接入交流输入信号时，晶体管的各个电流和电压都含有直流分量和交流分量，此时放大电路的工作状态称为动态。动态分析就是分析信号在电路中的传输情况，即分析各个电压、电流随输入信号变化的情况。动态时，放大电路中既有直流分量，又有交流分量，此时电路在直流和交流的共同作用下工作。放大电路动态分析的基本方法是微变等效电路法和图解法。

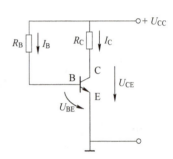

图 3-32 放大电路的直流通路

6. 晶体管的开关特性

在数字逻辑电路中，晶体管被作为开关元件工作在饱和与截止两种状态下，相当于一个由基极信号控制的无触点开关，其作用对应于触点开关的"闭合"与"断开"。

7. 晶体管在汽车电子电路中的应用

（1）汽车电子电路中的晶体管放大电路　在汽车电子电路中，晶体管主要用来对微弱信号进行放大。如图 3-33 所示，就是利用晶体管的放大特性制作的汽车电气线路搭铁（短路）探测器。

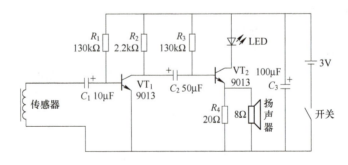

图 3-33 汽车电气线路搭铁探测器电路

汽车在行驶过程中，由于颠簸、振动等原因，电气线束会与车体产生摩擦而损坏其绝缘层，发生搭铁（短路）故障。本探测器的用途就是在不拆解导线的情况下，快速查出搭铁故障所发生的部位。

探测器的工作原理：当导线搭铁后，在搭铁点会产生短路电流，短路点就会向周围发出高次谐波信号。这个信号将被由线圈和铁心构成的传感器接收到，在传感器中产生交变的电信号。这个电信号很微弱，经过晶体管 VT_1 放大后，在 VT_1 的集电极就会得到放大了的交变信号，再送入 VT_2 的基极进行放大，使接在 VT_2 集电极的发光二极管闪烁发光，接在 VT_2 发射极的扬声器发出声响。传感器越接近故障点，接收到的信号越强，经过放大后，发光二极管越亮，扬声器发出的声响越强。根据发光二极管亮度的变化和扬声器声响的变化，就能快速找到故障点。

在汽车电子电路中，由一个晶体管组成的单管放大电路已经很少用了，经常是应用由多个晶体管和外围元件组成的集成运算放大器来承担信号的放大任务。

(2) 汽车电子电路中的晶体管开关电路　利用晶体管饱和导通和截止之间状态的转换，将晶体管作为一个电子开关使用，这样的电路一般称为晶体管开关电路。晶体管开关电路在汽车电子电路中的应用相当广泛，主要用于电子调压器、电子点火器以及各种信号报警电路。下面重点学习电子调压器和电子点火器。

1) 电子调压器。汽车交流发电机输出的电压会随着发动机转速和负荷的变化产生波动，发电机输出电压与发电机励磁绕组通过的励磁电流成正比，通过控制励磁线绕组路的通断就可以控制流过的励磁电流的平均值，从而使发电机的输出电压基本稳定在一个定值。电子调压器就是利用晶体管的开关作用来控制励磁绕组电路的通断，从而达到调节电压的目的。

国产 JFT201 型电子调压器适用于 14V、500W 以下的各种交流发电机，其电路如图 3-34 所示。电阻 R_2、R_3、R_4 组成分压电路，B 点电位随着发电机输出电压的变化而变化。在发电机输出电压小于预定调节电压时，A、B 之间的电压小于稳压二极管 VZ 的反向击穿电压，稳压二极管 VZ 截止，晶体管 VT_1 基极电流等于零，VT_1 截止。而 VT_2 的发射极和基极处于较高的电压作用下饱和导通，接通励磁绕组，发电机正常发电。

当发电机输出电压升高，达到预定调节值时，A、B 之间的电压大于稳压二极管 VZ 的反向击穿电压，稳压二极管 VZ 导通，晶体管 VT_1 基极流过电流，VT_1 饱和导通，同时 VT_1 将 VT_2 的发射极和基极短路，使 VT_2 截止，断开励磁绕组，发电机输出电压下降。

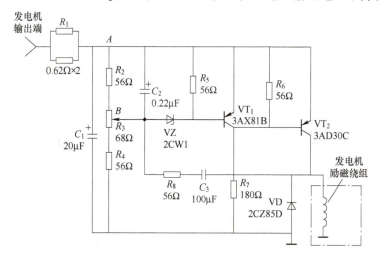

图 3-34　JFT201 型电子调压器电路

当发电机输出电压稍低于调节值时，稳压二极管 VZ 又恢复到截止状态，VT_1 由导通变为截止，使 VT_2 导通。如此反复，使发电机的输出电压维持在规定的调整值附近。

电阻 R_5 提供 VT_1 基极工作电位，R_7 是 VT_1 的负载电阻，R_6 提供 VT_2 基极工作电位。电阻 R_8 和 C_3 可以加速晶体管 VT_2 的开关转换速度，减少损耗。电容 C_1 的作用是延缓分压电阻上的电压变换速度，降低开关管的开关频率，减少 VT_2 管的发热程度。电容 C_2 是滤波电容，可以使稳压二极管 VZ 两端的电压平滑过渡，减少发电机输出电压的脉动影响，降低开关管的开关频率和损耗。二极管 VD 是续流二极管，保护开关管 VT_2 免受励磁绕组反向电动势的冲击。

2）**电子点火器**。晶体管点火电路的点火信号由装在分电器内的信号发生器提供，如图 3-35 所示为一种磁感应式信号发生器，随着分电器的旋转，信号转子转动，它的凸起与信号线圈之间的间隙不断变化，通过信号线圈的磁通量随之发生变化，凸起接近信号线圈时磁通迅速增加，在线圈两端产生电压信号；当凸起与信号线圈正对时，磁通变化量最小，线圈两端电压为零；当凸起离开信号线圈时，磁通迅速减小，线圈两端电压急剧地改变极性，产生负的电压信号，信号线圈输出交流信号。电压从正变为负就是基本的点火时刻，如图 3-36 所示。

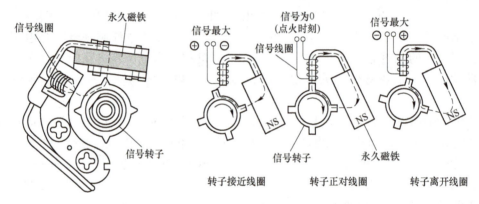

图 3-35　磁感应式信号发生器

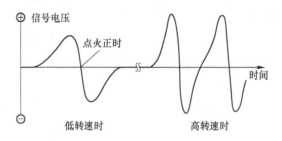

图 3-36　磁感应点火信号发生器信号波形

电子点火器的原理如图 3-37 所示。当发动机不转时，通过信号线圈的磁通不变，不产生信号。闭合点火开关，蓄电池电压经过电阻 R 加到晶体管基极，形成基极电流，晶体管饱和导通，点火线圈的一次线圈通过电流。虽然信号线圈中也有电流流过，但是二极管 VD 的结电压可保证 A 点电位足以使晶体管饱和导通。

当发动机转动时，信号线圈产生电压。当信号发生器产生正电压时，如图 3-38a 所示，线圈电压上正下负，使 A 点电位更高，保证晶体管饱和导通，点火线圈的一次线圈流过电流。当信号发生器产生负电压信号时，如图 3-38b 所示，线圈电压上负下正，使 A 点电位变为零或负值，晶体管基极没有电流流过，晶体管截止，点火线圈的一次线圈断开，二次线圈产生高压，送入分电器点火。

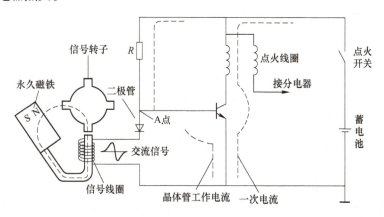

图 3-37　晶体管点火电路原理图

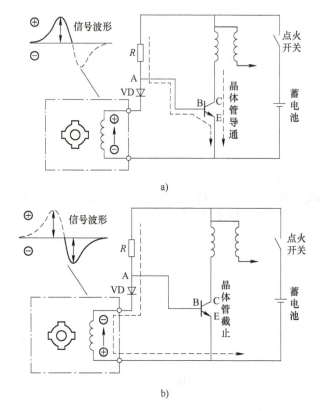

图 3-38　信号电压极性变化与晶体管的导通

任务五　集成运算放大器的认识

运算放大器（简称运放）是具有高开环放大倍数并带有深度负反馈的多级直接耦合放大电路。早期的运放是由分立器件（晶体管和电阻等）构成的，其价格昂贵，体积也很大。20世纪 60 年代中期，第一块集成运算放大器问世，它是将相当多的晶体管和电阻集中在一块硅片上而制成的。它的出现标志着电子电路设计进入了一个新时代。由于集成运算放大器具有十分理想的特性，它不但可以作为基本运算单元完成加减、乘除、微分、积分等数学运算，还在信号处理及产生等方面有着广泛的应用。

一、集成运算放大器简介

我们已经知道晶体管具有放大作用，但是一个晶体管的放大倍数是有限的，为了获得高的放大倍数，必须采用多个晶体管级联的方式构成多级放大电路。同时，为了使放大电路稳定工作，还要引入负反馈。

随着电子技术的不断发展，分立元件的多级放大器已经被集成在一块半导体芯片内，构成了集成运算放大器（简称集成运放）。

1. 集成运算放大器的图形符号

集成运算放大器的图形符号如图 3-39 所示。图中有两个输入端，一个输出端，其中标"－"号端称为反相输入端，表示仅从这一端加输入信号时，输出电压与输入电压相位相反；标"＋"号端称为同相输入端，表示仅从这一端加输入信号时，输出电压与输入电压相位相同。∞ 表示理想运放。

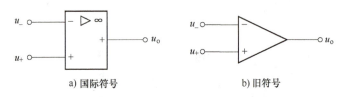

图 3-39 集成运算放大器的图形符号

2. 集成运算放大器的主要技术参数

为了正确选择和使用集成运算放大器，必须了解其参数的含义。

（1）开环电压放大倍数 A_{uo}　输出端开路，且工作于线性放大区时，输出电压与两输入端信号电压之差的比值，称为集成运算放大器的开环电压放大倍数，又称为差模电压放大倍数。即

$$A_{uo} = \frac{U_o}{U_+ - U_-}$$

（2）开环输入电阻 r_i　开环工作时，两输入端的电压变化与其引起的电流变化之比，也就是从两输入看进去的等效动态电阻，称为开环输入电阻，又称差模输入电阻。

（3）开环输出电阻 r_o　r_o 为从集成运放输出端看进去的等效电阻。

（4）最大输出电压幅度 U_{OPP}　最大输出电压幅度是指当输出端开路时，能使输出和输入电压保持线性放大关系的最大输出电压值。

（5）电源电压范围　集成运算放大器一般都用正负电源电压同时供电，其电压值可在一定范围内选择，典型值为 ±15V。

3. 理想集成运算放大器及其分析依据

在分析集成运算放大器时，一般可以将它理想化，这种集成运算放大器称为理想集成运算放大器。

（1）理想化的条件

1）开环电压放大倍数 $A_{uo} \to \infty$。

2）开环输入电阻 $r_i \to \infty$。

3）开环输出电阻 $r_o \to \infty$。

(2) 两个重要结论

1）$I_- = I_+ = 0$（虚断）。因为理想集成运算放大器的输入电阻 $r_i \to \infty$，所以它从信号源汲取的电流为零，即 $I_- = I_+ = 0$。

2）$U_- = U_+$（虚短）。当运算放大器工作在线性范围内时，其输出电压 U_o 和输入差动电压 $(U_+ - U_-)$ 的关系为

$$A_{uo} = \frac{U_o}{U_+ - U_-}$$

若集成运算放大器是理想的，则 $A_{uo} \to \infty$，且工作在线性范围内，输出电压 U_o 必为有限数值，则差动输入电压 $U_+ - U_- = 0$，或 $U_+ = U_-$。

此外，理想运算放大器还有一个特点，即由于其输出电阻 $r_o \to \infty$，输出电压 U_o 不受负载影响。

二、集成运算放大器应用电路

1. 集成运算放大器基本线性运算电路

(1) 反相运算放大电路（又称反相比例电路）

1）电路组成。如图3-40所示，信号通过 R_1 加到运放反相端的电路，称为反相输入放大器。R_f 接在反相输入端和输出端之间，故为负反馈电路。同相端经平衡电阻 R_2 接 "地"。图中 $R_2 = R_1 /\!/ R_f$。

2）虚地。在理想集成运算放大器中，$I_+ = 0$，所以 $U_+ = 0$；又因为 $U_+ = U_-$，所以 $U_- = 0$。

可见，尽管反相端并不接地，但它与地的电位相等，且 I_1 与 I_f 并不流入地端，因此将反相端称为虚地。虚地现象是反相输入放大器特有的重要特征。

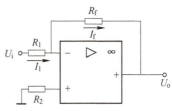

图3-40 反相运算放大电路

3）电压放大倍数。根据虚短和虚断可得

$$\frac{U_i}{R_1} = -\frac{U_o}{R_f}$$

所以 $A_{uf} = \frac{U_o}{U_i} = -\frac{R_f}{R_1}$，即 A_{uf} 为负值，表明这是一个反相放大器。A_{uf} 的值与集成运算放大器的参数无关，而只由比值 $\frac{R_f}{R_1}$ 决定。A_{uf} 可以大于1，也可以小于1。

当 $R_f = R_1$，$A_{uf} = -1$ 时，称其为反号器或反相器。

(2) 同相运算放大电路

1）电路组成。如图3-41所示，信号通过 R_2 加到集成运算放大器同相端的电路，称为同相输入放大器。其反馈信号加至反相端，是一个电压串联负反馈电路。图中 $R_2 = R_1 /\!/ R_f$。

2）闭环电压放大倍数。在理想运算放大器中，$U_+ = U_-$，$I_+ = 0$，$\frac{U_o}{U_i} = 1 + \frac{R_f}{R_1}$

称此时的 $\frac{U_o}{U_i}$ 为闭环电压放大倍数，用 A_f 表示，则

$$A_f = \left(1 + \frac{R_f}{R_1}\right)$$

上式表明 A_f 为正，即同相输入放大器的输出与输入同相，且 A_f 总是大于1，它取决于外电路的 R_f 与 R_1，而与集成运算放大器的参数无关。

3）电压跟随器。将 R_1 断开，即使 $R_1 \to \infty$，可得电压跟随器，其 $A_f = 1$。它是同相比例放大器的特例。

电压跟随器具有与分立元件射极跟随器相同的特点，但其性能更优良。其 $A_f = 1$，$r_i = \infty$，$r_o = 0$，因而应用更广泛，具有良好的跟随和隔离作用。

(3) 差分运算电路

1）电路组成。如图 3-42 所示，U_{i1} 经 R_2 分别加到反相输入端与同相输入端，就构成了减法运算放大器。

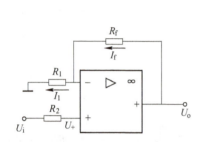

图 3-41 同相运算放大电路

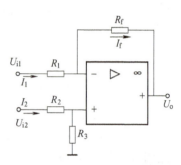

图 3-42 运算电路

2）电压关系。根据 $I_+ = I_- = 0$，$U_+ = U_-$ 可得

$$U_o = (1 + \frac{R_f}{R_1})U_+ - \frac{R_f}{R_1}U_{i1}$$

$$= (1 + \frac{R_f}{R_1})\frac{R_3}{R_2 + R_3}U_+ - \frac{R_f}{R_1}U_{i1}$$

3）特例。

① 当 $R_1 = R_2$，且 $R_f = R_3$ 时，有

$$U_o = \frac{R_f}{R_1}(U_{i2} - U_{i1})$$

② 当 $R_f = R_1$ 时，$U_o = U_{i2} - U_{i1}$。

2. 集成运算放大器非线性应用电路

集成运算放大器除了用于运算电路以外，还有很多用途，下面介绍两种。

(1) 电压比较器　电压比较器的作用是比较输入电压和参考电压，图 3-43a 所示为其中一种。U_R 是参考电压，加在同相输入端，输入电压 u_i 加在反相输入端。

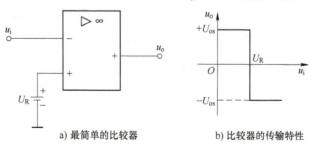

a) 最简单的比较器　　　b) 比较器的传输特性

图 3-43 电压比较器

（2）简单电压比较器在汽车电子电路中的应用 电喷发动机的主要作用就是控制发动机在理论空燃比附近工作，保证排放合乎相关法规要求。在电喷发动机闭环控制系统中，氧传感器承担着向 ECU 传递发动机是否工作在理论空燃比附近的任务。在浓混合气状态下燃烧时（小于理论空燃比），排气中的氧消耗殆尽，氧传感器几乎不产生电压；在稀混合气状态下燃烧时（大于理论空燃比），排气中还含有一部分多余的氧气，氧传感器产生 1V 左右的电压。控制系统根据氧传感器的输出信号对喷油量进行修正。控制系统规定，当氧传感器输出电压大于 0.5V 时，认为混合气过稀；输出电压小于 0.5V 时，认为混合气过浓。氧传感器与 ECU 之间就是通过电压比较器进行信号传递的。图 3-44 所示为氧传感器与 ECU 连线原理图。

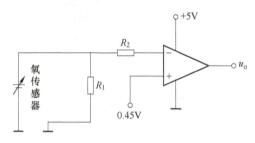

图 3-44 氧传感器与 ECU 连线原理图

ECU 设定 0.45V 为基准电压，当氧传感器信号电压大于基准电压时，比较器输出电压 $u_o \approx 0V$，ECU 判断混合气过稀，增加喷油量；当氧传感器信号电压小于基准电压时，比较器输出电压 $u_o \approx 5V$，ECU 判断混合气过浓，减少喷油量。

实训需要的工具及其数量见表 3-4。

表 3-4 工具明细

件号	名称	型号及规格	数量
1	万用表	![万用表]	1个
2	导线	![导线]	若干
3	试灯	![试灯]	一个

（续）

件　号	名　称	型号及规格	数　量
4	闪光继电器	NSG-1	3个
5	蓄电池		1个

实训操作　转向灯不闪光的故障检修

1. 故障现象

打开点火开关，接通转向信号灯开关，左、右转向灯均常亮不闪。

2. 故障原因

1）闪光继电器故障。

2）线路故障。

3. 故障诊断与排除

(1) 闪光继电器的就车检查　闪光继电器电路图如图 3-45 所示。

1）在点火开关置于"ON"位时，将转向灯开关打开，观察转向灯的闪烁情况。如果闪光继电器正常，相应转向灯及转向指示灯应随之闪烁；如果转向灯不闪烁（常亮或不亮），则为闪光继电器自身或线路故障。

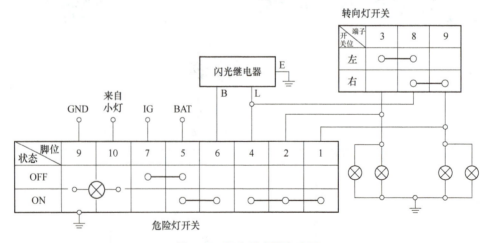

图 3-45　闪光继电器电路图

2）用万用表检测闪光继电器电源接柱 B 与搭铁之间的电压，正常值为蓄电池电压；如果无电压或电压过小，则为闪光继电器电源线路故障。

3）用万用表 R×1 档检测闪光继电器搭铁线柱 E 的搭铁情况，正常时电阻为零；否则为闪光继电器搭铁线路故障。

4）在闪光继电器灯泡接线柱 L 与搭铁之间接入一个二极管试灯，正常情况下灯泡应闪烁，否则为闪光继电器内部晶体管器件故障。

(2) 闪光继电器的独立检测　将蓄电池、闪光继电器、试灯按照图 3-46 所示接入检测电路，检测闪光继电器工作情况。将蓄电池的输出电压接通试验电路，观察灯泡闪烁情况。如果灯泡能够正常闪烁，则闪光继电器完好；如果灯泡不亮，则表明闪光继电器损坏。

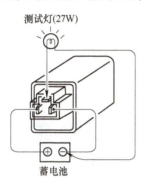
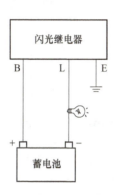

图 3-46　闪光继电器检测电路

课后测评

一、填空题

1. 电容器的主要指标是_____、_____、_____，这些指标一般都标示在成品电容器的外壳上。允许误差是指电容器的_____与它的_____之间存在的偏差，此偏差应在国家标准规定的允许范围内。

2. 在模拟电子电路中，晶体管通常被用作_____器件，工作在输出特性曲线的_____区；在数字电子电路中，晶体管通常被用作_____器件，工作在输出特性曲线的_____区或_____区。

二、选择题

1. 变压器的工作原理基于两耦合的线圈（　　）。
　A. 发生互感　　　B. 发生自感　　　C. 发生短路　　　D. 发生断路

2. 当加在硅二极管两端的正向电压从 0 开始逐渐增加时，硅二极管（　　）。
　A. 立即导通　　　B. 到 0.3V 才导通　　　C. 超过死区电压时才开始导通

3. 稳压管的稳压性能是利用 PN 结的（　　）实现的。
　A. 单向导电性　　　B. 反向击穿特性　　　C. 正向导通特性

4. 晶体管的发射结正偏，集电结反偏时，晶体管处于（　　）。
　A. 放大状态　　　B. 饱和状态　　　C. 截止状态

三、简答题

1. 什么是本征半导体、N 型半导体和 PN 结？

2. 晶体管有哪三种工作状态？其外部条件是什么？

项目四

发电机不发电的故障检修

 学习目标

目标类型	目标要求
知识目标	1. 知道正弦交流电的产生机理以及正弦交流电的基本概念 2. 掌握正弦量的频率、初相位、幅值（最大值）三要素 3. 掌握三相交流电的产生机理与三相交流电源及三相负载的连接 4. 掌握汽车三相交流发电机的结构与工作原理 5. 熟悉汽车发电机的拆装、检测方法
技能目标	1. 能够用拆装工具对交流发电机进行拆装 2. 能够诊断和排除发电机常见故障

项目描述

某轿车在起动发动机前充电指示灯亮，起动发动机后充电指示灯不灭，行驶一段距离后，蓄电池亏电严重，发动机无法起动。为解决这一故障，需要熟悉发电机的工作原理及相关知识，从而对故障进行诊断，然后拆装发动机并进行检测。

任务一　正弦交流电的认识

与直流电相比，交流电在产生、输送和使用方面具有明显的优点和经济意义。例如：

1）通过变压器可以很方便地实现电压的改变。在远距离输电时，采用较高的电压可以减少线路上的损失；对于用户来说，采用较低的电压则既安全又可降低电气设备的绝缘要求。

2）交流设备的优点。例如，异步电动机与直流电动机相比，具有构造简单、性价比高、使用方便等优点。

3）在一些必须使用直流电的场合，如工业上的电解和电镀、直流电动机等，也可利用整流设备，将交流电转化为直流电。

汽车用电设备全部使用直流电，蓄电池可直接提供直流电。所以汽车发电机产生的正弦交流电是经过整流电路变换成直流电后向用电设备供电并同时向蓄电池充电的。

一、正弦交流电的基本概念

1. 正弦交流电的产生

如图 4-1 所示,在匀强磁场中放置一个可以绕固定转动轴转动的单匝线圈 abcd,为了避免线圈在转动时与导线绞在一起,将线圈的两根引线分别接到与线圈一起转动的两个铜环上,铜环通过电刷与外电路连接。当线圈在外力的作用下,在磁场中以角速度 ω 匀速转动时,线圈的 ab 边与 cd 边切割磁力线,线圈中产生感应电动势。如果线圈是闭合的,则在回路中将产生感应电流。ad 边与 bc 边由于不切割磁力线而不产生感应电动势。

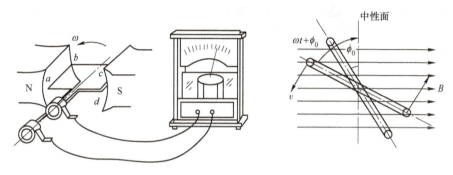

图 4-1　交流发电机原理图

2. 正弦交流电的数学表达式

线圈 abcd 以角速度 ω 匀速转动。设在起始时刻,线圈平面与中性面的夹角为 Φ,t 时刻线圈平面与中性面的夹角为 $\omega t + \Phi$。则 cd 边切割磁力线所产生的感应电动势为

$$e_{cd} = BLv\sin(\omega t + \phi) \tag{4-1}$$

同理,线圈 ab 边切割磁力线所产生的感应电动势为

$$e_{ab} = BLv\sin(\omega t + \phi) \tag{4-2}$$

式中　B——磁场的磁感应强度;

　　　L——线圈的长度;

　　　v——运动速度。

由于两个线圈是串联关系,所以整个线圈产生的感应电动势为

$$e = e_{cd} + e_{ab} = E_m\sin(\omega t + \phi) \tag{4-3}$$

若该电动势加在一个电阻为 R 的负载两端,则负载端电压为

$$u = U_m\sin(\omega t + \phi) \tag{4-4}$$

流过 R 的电流为

$$i = I_m\sin(\omega t + \phi) \tag{4-5}$$

由以上分析可知,发电机的感应电动势是按正弦规律变化的,电压与电流为正弦交流电压与电流,如图 4-2 所示。

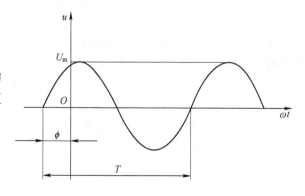

图 4-2　正弦交流电压

二、正弦交流电的相关量

1. 正弦交流电的瞬时值

正弦量在任一瞬间所对应值的大小称

为瞬时值，常用小写字母表示，如 u、i 等。由于交流电是随时间变化的，所以不同的瞬时值，其大小和方向可能都不相同。

2. 正弦交流电的最大值

瞬时值中出现的最大量称为最大值，也叫峰值或幅值，最大值用大写字母加下角标"m"表示，如 I_m、U_m 等。

3. 正弦交流电的有效值

用来计量交流电大小的物理量，称为交流电的有效值，用大写字母表示，如 U、I 等。交流电的有效值是根据它的热效应来确定的。具体定义为：交流电流 i 通过电阻 R 在一个周期内所产生的热量如果和直流电流 I 通过同一电阻 R 在相同时间内所产生的热量相等，则这个直流电流 I 的数值称为交流电流 i 的有效值。根据定义，可求得正弦交流电流的有效值和最大值之间的关系为

$$I = \frac{I_m}{\sqrt{2}} = 0.707 I_m \tag{4-6}$$

同理，正弦交流电压的有效值和最大值有如下关系

$$U = \frac{U_m}{\sqrt{2}} = 0.707 U_m \tag{4-7}$$

一般情况下，人们所说的交流电流和电压的大小，以及测量仪表所指示的电压和电流值都是指有效值。例如，"100W，220V"中的额定电压 220V 为有效值。

> **注意**：用示波仪测量波形时读取的电压既不是最大值也不是有效值，而是正的最大值与负的最大值之差，是最大值的两倍。

【例 4-1】 在某电路中，有一电流 $i = 3.11\sin\left(314t + \frac{\pi}{2}\right)$。试求：(1) 电流的最大值和有效值；(2) 当 $t=0$ 时，求瞬时值。

解：电流的最大值 $I_m = 3.11\text{A}$。

电流的有效值 $I = \frac{3.11}{\sqrt{2}}\text{A} = 2.2\text{A}$。

当 $t=0$ 时，瞬时值 $i = 3.11\text{A}$。

4. 周期

交流电变化一个完整的循环所需要的时间称为周期（T），单位是 s，如图 4-2 所示。

5. 频率

单位时间（每秒）内完成的周期数称为频率（f），单位是赫[兹]（Hz）。频率和周期互为倒数，即

$$f = 1/T \tag{4-8}$$

6. 角频率

单位时间内变化的角度（以弧度为单位）称为角频率（ω），单位是弧度/秒（rad/s）。角频率与周期 T、频率 f 之间的关系为

$$\omega = 2\pi f = 2\pi/T \tag{4-9}$$

【例 4-2】 $u = 3.11\sin\left(314t + \frac{\pi}{3}\right)$，试指出该电压的周期、频率和角频率。

解：$\omega = 314\text{rad/s}$。

频率 $f = \omega/2\pi = 314/2\pi = 50\text{Hz}$。

周期 $T = 1/f = 20\text{ms}$。

7. 正弦交流电的相位、初相位和相位差

式（4-1）中的（$\omega t + \phi$）表征正弦量变化的进程，是该正弦交流电在 t 时刻所对应的角度，称为相位角或相位。当 $t=0$ 时，相位角 ϕ 称为初相角或初相位。相位和初相位的单位都是弧度（rad）。在正弦交流电路中，电压与电流的频率是相同的，但两者的初相位不一定相同。

两个同频率的正弦量的相位角之差称为相位差，用 ϕ 表示。如图 4-3 所示，电流与电压的频率相同，但初相位不相同。图中 u 与 i 可用下式表示为

$$\begin{cases} u = U_m\sin(\omega t + \phi_1) \\ i = I_m\sin(\omega t + \phi_2) \end{cases} \tag{4-10}$$

则相位差为
$$\phi = \phi_1 - \phi_2 \tag{4-11}$$

若 $\phi > 0$，则电压 u 超前电流 i；若 $\phi < 0$，则电压 u 滞后电流 i；若 $\phi = 0$，则电压 u 与电流 i 同向；若 $\phi = 180°$，则电压 u 与电流 i 反向。

在近代电工技术中，正弦量的应用极为广泛。在强电方面，电能几乎都是以正弦交流的形式生产出来的，有些场合中需要的直流电主要也是将正弦交流电通过整流设备变换得到的。在弱电方面，也常用各种正弦信号发生器作为信号源。

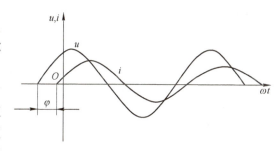

图 4-3 u 与 i 的初相位不相同

【例 4-3】 在例 4-1 与例 4-2 中，试指出电流与电压的初相位，电流与电压的相位差为多少？谁超前谁滞后？

解：电流的初相位为 $\pi/2$，电压的初相位为 $\pi/3$。

相位差 $\phi = \left(314t + \dfrac{\pi}{2}\right) - \left(314t + \dfrac{\pi}{3}\right) = \dfrac{\pi}{2} - \dfrac{\pi}{3} = \dfrac{\pi}{6}$。

电流超前电压 $\pi/6$，即电压滞后电流 $\pi/6$。

三、正弦量的相量表示法

正弦交流电具有最大值、频率、初相位三个特征量。这些特征量都可以用一些方法表示出来，如前面所讲的三角函数式[式（4-4）等]和波形图（图 4-2）。只要已知最大值、频率、初相位这三个要素，就可以准确地描述该正弦波，它们也称为正弦波的三要素。

为了分析与计算方便，正弦量还可以用相量来表示。用复数来表示正弦量的方法称为相量表示法。用相量表示电动势、电压、电流的符号为 $\dot{E}_m$、$\dot{U}_m$、$\dot{I}_m$，或 $\dot{E}$、$\dot{U}$、$\dot{I}$。如图 4-4 所示，以坐标原点 O 为端点作一条有向线段 OA，线段的长度为正弦量的最大值，相量的起始位置与 x 轴正方向的夹角为正弦量的初相位 φ_0，它以正弦量的角频率为角速度，绕原点 O 沿逆时针方向匀速转动，则在任一瞬间，相量在纵轴上的投影就等于该时刻正弦量的瞬时值。所以旋转相量可以完整地表示正弦量。

如图 4-4 所示，若正弦交流电为

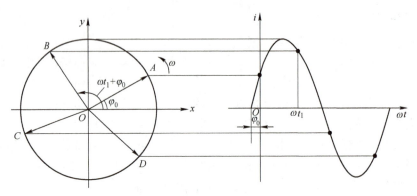

图 4-4 正弦量的相量表示法

$$\begin{cases} u = U_m \sin(\omega t + \phi_1) \\ i = I_m \sin(\omega t + \phi_2) \end{cases}$$

则用复数的极坐标形式表示为

$$\dot{U} = U_m \angle \phi_1$$
$$\dot{I} = I_m \angle \phi_2$$
(4-12)

按照正弦量的大小和相位关系画出相量的图形,称为相量图。则式(4-12)的相量图如图 4-5 所示,从相量图中可直观地看出各正弦量的大小关系与相位关系,这对分析与计算正弦量非常方便。

注意:
1) 只有正弦量才能用相量表示,相量不能表示非正弦量。
2) 相量只是表示正弦量,而不等于正弦量。
3) 只有同频率的正弦量才能画在同一相量图上,不同频率的正弦量不能画在同一相量图上,否则无法进行比较与计算。
4) 相量的加、减运算服从平行四边形法则。

【例 4-4】 在例 4-1 与例 4-2 中,试写出电流与电压的相量表达式,并画出相量图。

$$\begin{cases} \dot{I} = 3.11 \angle \dfrac{\pi}{2} \\ \dot{U} = 3.11 \angle \dfrac{\pi}{3} \end{cases}$$

向量图如图 4-6 所示。

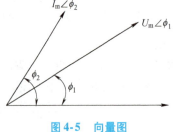

图 4-5 向量图

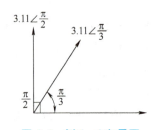

图 4-6 例 4-4 向量图

四、电阻器、电容器、电感器在电路中的基本特性

1. 电阻器、电容器、电感器在直流电路中的作用

如图 4-7 所示,当开关 K 闭合时,灯较亮;当开关 K 断开时,灯泡变暗。说明电阻器在直流电路中有阻碍电流的作用。

如图 4-8 所示,当开关 K 闭合时,灯泡亮;当开关 K 断开时,灯泡灭。说明电容器在直流电路中相当于开路。

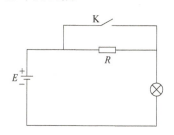

图 4-7 电阻器在直流电路中的作用

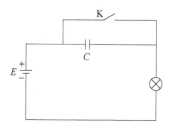

图 4-8 电容器在直流电路中的作用

如图 4-9 所示,当开关 K 闭合时,灯泡亮;当开关 K 断开时,灯泡仍亮。说明电感元件在直流电路中相当于短路。

2. 交流电路中的电阻元件

(1) **实验现象观察** 如图 4-10 所示,正弦波发生器产生的正弦交流电压通过电阻 R 加到灯泡两端,保持灯泡两端电压不变,调整电压频率,观察灯泡的亮度变化。

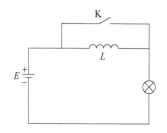

图 4-9 电感器在直流电路中的作用

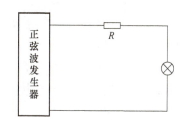

图 4-10 交流电路中的电阻元件

电阻元件在正弦交流电路中的分析电路如图 4-11a 所示,电压、电流的参考方向如图所示。

设流过电阻元件的电流为

$$i = I_m \sin\omega t$$

则电阻的端电压为

$$u = Ri = RI_m \sin\omega t = U_m \sin\omega t$$

上式中有

$$U_m = RI_m$$

即

$$\frac{U_m}{I_m} = \frac{U}{I} = R$$

用相量表示电压与电流有

$$\dot{U} = U_m \angle 0°$$

瞬时功率为电压瞬时值与电流瞬时值之积，用小写字母 p 表示，则

$$p = ui = U_m I_m \sin\omega t \sin^2(\omega t) = UI(1 - \cos\omega t) \tag{4-13}$$

平均功率为瞬时功率的平均值，用大写字母 P 表示，则

$$P = UI = RI^2 = U^2/R \tag{4-14}$$

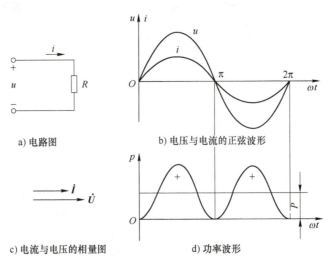

图 4-11 电阻元件在正弦交流电路中的波形

(2) 电阻在交流电路中的特性

1) 电压与电流的频率相同。
2) 电压与电流的瞬时值、最大值和有效值均遵循欧姆定律。
3) 电压与电流同相。
4) 瞬时功率与平均功率都为正，电阻消耗电能。
5) 电阻元件在交流电路中对电流有阻碍作用。

3. 交流电路中的电容元件

(1) 实验现象观察　如图 4-12 所示，正弦波发生器产生的正弦交流电压通过电容 C 加到灯泡两端，保持灯泡两端电压不变，调整电压频率，观察灯泡的亮度变化。

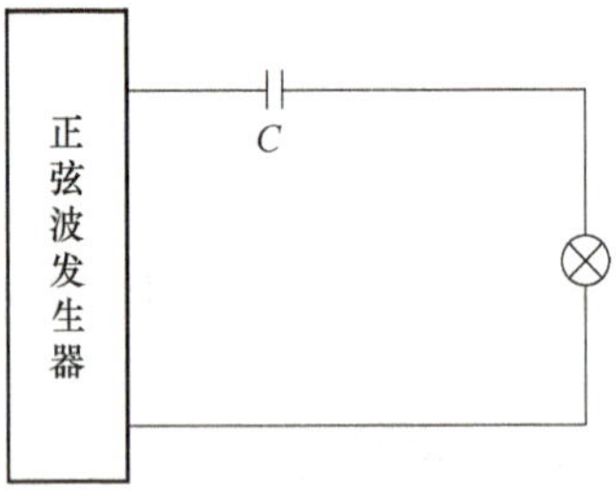

电压、电流的参考方向如图 4-13a 所示。设电容器两端的电压为

$$u = U_m \sin\omega t$$

图 4-12　交流电路中的电容元件

则电流

$$i = C\frac{\mathrm{d}u}{\mathrm{d}t} = C\frac{\mathrm{d}(U_m\sin\omega t)}{\mathrm{d}t} = \omega C U_m \sin(\omega t + 90°) = I_m \sin(\omega t + 90°) \tag{4-15}$$

在上式中有

$$I_m = \omega C U_m$$

即

$$\frac{U_m}{I_m} = \frac{U}{I} = \frac{1}{\omega C} \tag{4-16}$$

显然，在电容元件的交流电路中，电压的最大值（有效值）与电流的最大值（有效值）

的比值为 $\frac{1}{\omega C}$，它的单位为 Ω。当电压 U 一定时，$\frac{1}{\omega C}$ 越大，则电流越小。这表征了电容对交流电流的阻碍作用，所以称之为容抗，用 X_C 表示。

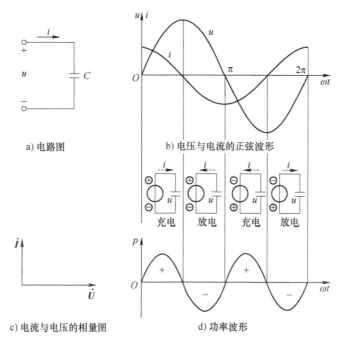

图 4-13 电容元件在正弦交流电路中的波形

$$X_C = \frac{1}{\omega C} = \frac{1}{2\pi fC} \tag{4-17}$$

容抗 X_C 与电容 C、频率 f 成反比。所以电容元件对高频电流所呈现的容抗很小，是一捷径；对直流（$f=0$）所呈现的容抗趋向于无穷大，可视为开路。因此，电容具有阻直流通交流的作用。

电压与电流的相量表示为

$$\begin{aligned} \dot{U}_m &= U_m \angle 0° \\ \dot{I}_m &= I_m \angle 90° \end{aligned} \tag{4-18}$$

瞬时功率为

$$p = ui = U_m I_m \sin\omega t [\sin(\omega t + 90°)] = UI\sin 2\omega t \tag{4-19}$$

由上式可见，瞬时功率 p 是一个以 2ω 的角频率随时间而变化的交变量，其波形如图 4-13d 所示。在电容元件的交流电路中，平均功率是瞬时功率在一个周期内的平均值。显然，平均功率 $P = 0$。

（2）电容元件在交流电路中的特性

1）电压与电流的频率相同。

2）电压与电流的最大值、有效值遵循欧姆定律，但瞬时值不遵循欧姆定律。

3）电压与电流不同相，电流超前电压 90°，或者说电压滞后电流 90°。

4）电容元件在交流电路中的平均功率为零，所以它不消耗能量。即电容有存储电能的作用。

5）电容元件在交流电路中对电流有阻碍作用，其容抗与电容 C 和频率 f 成反比。

4. 交流电路中的电感元件

（1）**实验现象观察** 如图 4-14 所示，正弦波发生器产生的正弦交流电压通过电感 L 加到灯泡两端，保持灯泡两端电压不变，调整电压频率，观察灯泡的亮度变化。

电压、电流、电动势的参考方向如图 4-15a 所示。

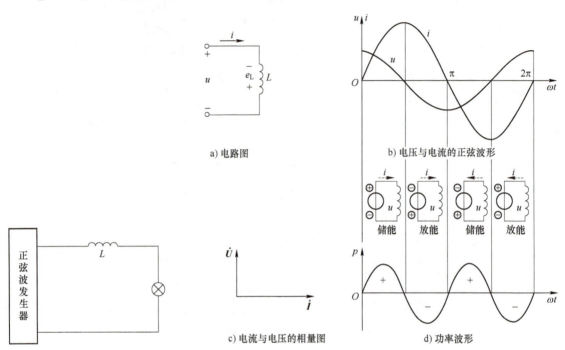

图 4-14　交流电路中的电感元件

图 4-15　电感元件在正弦交流电路中的波形

设电流为

$$i = I_m \sin\omega t$$

则根据基尔霍夫定律

$$u = -e_L = L\frac{di}{dt} = L\frac{dI_m \sin\omega t}{dt} = \omega L I_m \sin(\omega t + 90°) = U_m \sin(\omega t + 90°) \quad (4\text{-}20)$$

在上式中有

$$U_m = \omega L I_m$$

$$\frac{U_m}{I_m} = \frac{U}{I} = \omega L \quad (4\text{-}21)$$

由此可知，在电感元件的交流电路中，电压的最大值（有效值）与电流的最大值（有效值）之比为 ωL，它的单位为 Ω。当电压一定时，ωL 越大，则电流越小。可见，电感器对交流电流有阻碍作用，所以称之为感抗，用 X_L 表示。

$$X_L = \omega L = 2\pi f L \quad (4\text{-}22)$$

感抗 X_L 与电感 L、频率 f 成正比。因此，电感线圈对高频电流的阻碍作用很大，而对直流则可视为短路。即电感器具有隔交流、通直流的作用。

电压与电流的相量表示为

$$\dot{I} = I_m \angle 0°$$

$$\dot{U}_\mathrm{m} = U_\mathrm{m} \angle 90°$$

功率的瞬时值为

$$p = ui = U_\mathrm{m} I_\mathrm{m} \sin\omega t [\sin(\omega t + 90°)] = UI\sin 2\omega t \tag{4-23}$$

由上式可见，瞬时功率 P 是一个幅值为 UI，并以 2ω 的角频率随时间而变化的交变量，其波形如图 4-15b 所示。

在电感元件的交流电路中，平均功率是瞬时功率在一个周期内的平均值。显然，平均功率 $P=0$。

(2) 电感元件在交流电路中的特性

1) 电压与电流的频率相同。
2) 电压与电流的最大值、有效值遵循欧姆定律，但其瞬时值不遵循欧姆定律。
3) 电压与电流不同相，电压超前电流 90°，或者说电流滞后电压 90°。
4) 电感元件在交流电路中的平均功率为零，所以它不消耗能量。电感具有将电能转化为磁能进行存储的作用。
5) 电感元件在交流电路中对电流有阻碍作用，其感抗与电感 L、频率 f 成正比。

任务二　三相交流电的认识

三相交流电路在生产实际中应用最为广泛，发电与输电一般都采用三相制。在汽车电源系统中，汽车发电机同样是三相交流发电机，所产生的电动势是三相交流电动势。

一、三相交流电源

1. 三相交流电动势的产生

在图 4-1 中，匀强磁场中只有一匝线圈，产生的正弦交流电动势是单相电动势。如果在匀强磁场中放置三组线圈，且三组线圈彼此相差 120°，则线圈在外力的作用下切割磁力线时，将产生三相交流电动势。通常将三相线圈固定不动，而使磁场在外力作用下旋转，如图 4-16 所示。

三相交流发电机主要由定子与转子两大部分构成。定子是固定不动的部分，是在冲有槽的铁心上放置三个几何尺寸与匝数相同的线圈（称为三相绕组或定子绕组）。三相绕组排列在圆周上的位置彼此相差 120°，分别用 U_1-U_2、V_1-V_2、W_1-W_2 表示。U_1、V_1、W_1 分别代表三相绕组的始端，U_2、V_2、W_2 分别代表三相绕组的末端。各绕组电动势的参考方向规定为由绕组的末端指向始端。转子是旋转的部分，是磁极。磁极在铁心上绕有励磁绕组，励磁绕组通电产生磁场。

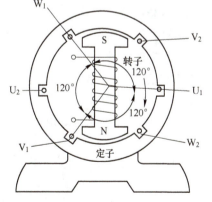

图 4-16　三相交流发电机原理示意图

当发电机的转子在外力（如汽车发动机）的带动下按顺时针方向以角速度 ω 匀速转动时，就相当于每相绕组以角速度 ω 沿逆时针方向匀速旋转，做切割磁力线运动，从而产生三相感应电动势 e_U、e_V、e_W。由于三个绕组结构相同，切割磁力线的速度相同，在空间相差 120° 的角度，因此产生的电动势幅值相同，频率相同，相位彼此相差 120°，这种三相电动势称为三相对称电动势。以 e_U 为参考正弦量，则三相电动势的瞬

时表达式为

$$e_U = E_m \sin\omega t$$
$$e_V = E_m \sin(\omega t - 120°)$$
$$e_W = E_m \sin(\omega t + 120°)$$
(4-24)

它们的波形图与相量图如图4-17所示。

显然，三相对称电动势在任一瞬间的相量之和为零，即

$$e_U + e_V + e_W = 0$$
$$E_U + E_V + E_W = 0$$
(4-25)

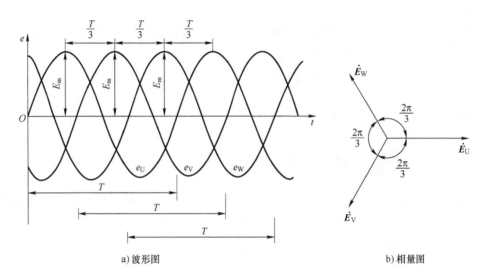

a) 波形图　　　　　　　b) 相量图

图 4-17　三相交流电源的波形图与相量图

三相电动势随时间按正弦规律变化，它们先后达到最大值的顺序称为相序。图4-17的相序为 U-V-W。

2. 三相电源的联结

三相电源本身具有六个引线端 U_1、U_2、V_1、V_2、W_1、W_2，其联结方法一般有两种。

(1) 星形联结法（Y联结法）　把三相绕组的末端 U_2、V_2、W_2 联结成一个公共点，称为中点（零点），用 N 表示，如图4-18所示，从中点引出的导线叫中性线（零线）。中性线一般接地，又称为地线。从三相绕组的始端 U_1、V_1、W_1 分别引出三根导线，称为相线（火线）。这种供电方式称为三相四线制，用符号 Y 表示。

相线与中性线之间的电压称为相电压，分别用 U_U、U_V、U_W 表示其有效值。若忽略发电机的内阻，则相电压在数值上就等于各相绕组的电动势，相位差为120°，所以三个相电压是对称的。

相线与相线之间的电压称为线电压，它们与相电压之间的关系为

$$U_{UV} = U_U - U_V$$
$$U_{VW} = U_V - U_W$$
$$U_{WU} = U_W - U_U$$
(4-26)

作出相电压的相量图，用平行四边形法则可以求出线电压，如图4-19所示。一般线电压用 U_L 表示，相电压用 U_P 表示，则线电压与相电压的关系是

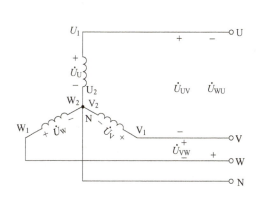

图 4-18 三相电源 Y 联结

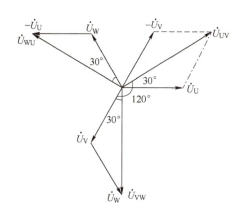

图 4-19 相电压、线电压相量图

$$U_L = \sqrt{3} U_P \angle 30° \qquad (4-27)$$

可见，在数量关系上，线电压是相电压的 $\sqrt{3}$ 倍。在相位上，线电压超前相应相电压 30°。三个线电压也是对称的。

由以上分析可知，三相电源星形联结可以同时供给两种电压，一种是相电压，另一种是线电压。

小常识：日常照明用电就是三相四线制，其相电压为 220V，线电压为 380V。

(2) 三角形联结法（△联结） 将每一相绕组的末端与另一相绕组的始端依次相连，构成一个闭合的三角形，这种联结方式称为三角形联结，用"△"表示，如图 4-20 所示。

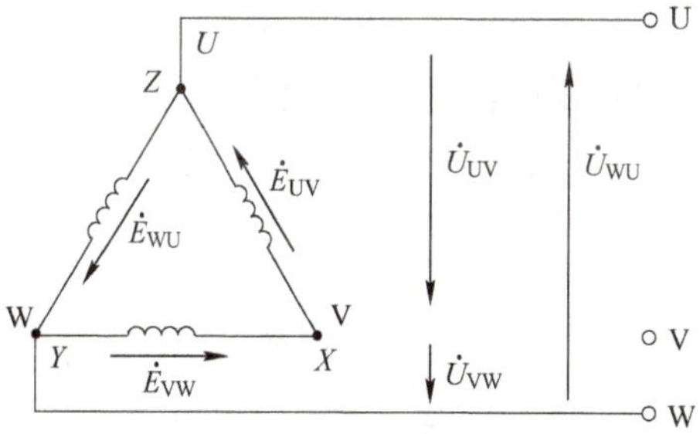

图 4-20 三相电源的三角形联结

电源采用三角形联结时，其相电压等于线电压，即

$$U_L = U_P$$

> **注意：** 电源采用三角形联结时，各相绕组的末端与始端绝不能接错，否则将在电源内部引起较大的环流而把电源损坏。

在实际应用中，一般不采用三角形联结。

二、三相负载的联结

负载接入电源需要遵循两个原则：一是电源电压应与负载的额定电压相同；二是全部负载应均匀地分配给三相电源。负载应按一定规则联结起来，组成三相负载。

在三相交流电路中，负载的联结方式有两种，即星形联结与三角形联结。

1. 星形联结

如图 4-21 所示，三相负载 Z_U、Z_V、Z_W 分别接于电源各相线与中性线之间，四根导线将电源与负载联结起来，构成星形联结。这种联结方式称为三相四线制。

(1) 相关概念

1) 相电压。负载两端的电压称为相压。由于中性线的存在，由图 4-21 可知，负载相电压就等于电源相电压。

2）相电流。在相电压的作用下，负载中有电流流过，流过各负载的电流称为相电流，用 I_P 表示。

3）线电流。流过每根火线的电流称为线电流，用 I_L 表示。显然，当负载采用星形联结时，相电流等于线电流，即 $I_P = I_L$。

4）中线电流。流过中性线的电流称为中线电流，用 I_N 表示。中线电流等于各相流之和，即

$$I_N = I_U + I_V + I_W \qquad (4-28)$$

5）对称负载。三相负载的大小与性质都相等时，称为对称负载。由于相电压是对称的，所以负载对称时，根据欧姆定律，线电流（相电流）也是对称的，即线电流（相电流）大小相等，相位互差120°。当负载不对称时，线电流（相电流）的大小也不对称，其相位关系也随负载的性质不同而改变。

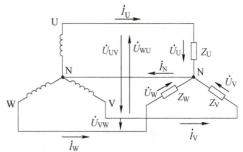

图 4-21 三相负载的星形联结

(2) 各电流、电压之间的基本关系　根据以上分析可知，负载星形联结时有如下关系：

1）线电压是相电压的 $\sqrt{3}$ 倍，且线电压超前相应相电压30°。

2）线电流等于相电流，即 $I_P = I_L$。

3）当负载对称时，中线电流等于零，即

$$I_N = I_U + I_V + I_W = 0 \qquad (4-29)$$

2. 三角形联结

如图 4-22 所示，负载三角形联结时，各电压、电流之间的关系如下：

1）负载相电压等于电源线电压。

2）根据基尔霍夫第一定律，各线电流与相电流的关系为

$$\begin{aligned} I_U &= I_{UV} - I_{WU} \\ I_V &= I_{VW} - I_{UV} \\ I_W &= I_{WU} - I_{VW} \end{aligned} \qquad (4-30)$$

3）当负载对称时，线电流对称，相电流也对称。线电流是相电流的 $\sqrt{3}$ 倍，且滞后相应的相电流30°，即

$$I_L = \sqrt{3} I_P \angle (-30°) \qquad (4-31)$$

4）当负载不对称时，上述关系不再成立。

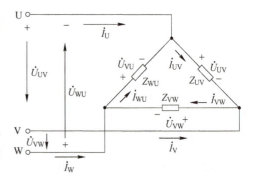

图 4-22 三相负载的三角形联结

任务三　发电机的认识

现代汽车发电机均采用三相交流发电机，它的主要优点是结构简单、体积小、重量轻、故障少且容易维修、使用寿命长、功率大、发动机低速运转时也能向蓄电池充电，转换成直流时电路简单。

一、发电机的功用与种类

发电机是汽车电源的重要组成部分，它与发电机调节器配合工作，其主要任务是对除起

动机以外的所有用电设备供电，并向蓄电池充电。汽车用发电机可分为交流发电机和直流发电机两种。由于交流发电机在许多方面优于直流发电机，直流发电机已被淘汰，目前所有汽车均采用交流发电机，主要有硅整流交流发电机、感应子式交流发电机等几种，其中普遍应用硅整流交流发电机。

1. 按结总体结构分类

1) 普通交流发电机：使用时需要配装电压调节器的发电机，如 JF291 型发电机。

2) 整体式交流发电机：发电机和调节器制成一个整体的发电机，如别克轿车上装备的是 CS 型发电机（包括 CS-121、CS-130 和 CS-144 三种型号）。

3) 带泵交流发电机：和汽车制动系统用真空助力泵安装在一起的发电机，如 JFZB292 型发电机。

4) 无刷交流发电机：不需要电刷的发电机，如 JFW1913 型发电机。

5) 永磁交流发电机：磁极为永磁铁的发电机。

2. 按整流器结构分类

1) 六管交流发电机，如 JF1522 型发电机（东风汽车用）。

2) 八管交流发电机，如 JFZ1542 型发电机（天津夏利汽车用）。

3) 九管交流发电机，如（日产、三菱、马自达汽车用）。

4) 十一管交流发电机，如 JFZ1913Z 型发电机（奥迪、桑塔纳汽车用）。

3. 按磁场绕组搭铁形式分类

1) 内搭铁型交流发电机：磁场绕组的一端（负极）直接搭铁（与壳体相连）。

2) 外搭铁型交流发电机：磁场绕组的一端（负极）接入调节器，通过调节器后再搭铁。

二、汽车交流发电机的构造

汽车用交流发电机多采用三相同步交流发电机，由 6 只二极管构成三相桥式全波整流器。它主要由定子、转子、滑环、电刷、整流二极管、前后端盖、风扇及带轮等组成。JF132 型交流发电机的组件如图 4-23 所示。

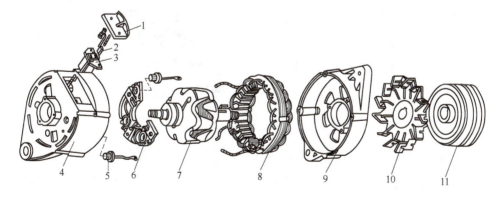

图 4-23　JF132 型交流发电机的组件

1—电刷弹簧压盖　2—电刷　3—电刷架　4—后端盖　5—硅二极管　6—散热板
7—转子总成　8—定子总成　9—前端盖　10—风扇　11—V 带轮

1. 定子总成

定子是产生和输出交流电的部件，又叫电枢，由定子铁心与定子绕组组成。定子铁心由内圆冲有槽的硅钢片叠压而成。定子绕组是三相对称铜线圈按互成120°的规律安装在定子槽中。三相绕组的始端各引一根导线，三个末端联结成一点引出一根线，共四根引线，如图4-24所示。

三相绕组大多数采用Y（星形）联结，也有采用△（三角形）联结的，如图4-25所示。定子的作用是产生三相交流电动势。

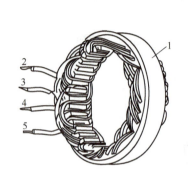

图4-24　定子
1—定子铁心　2、3、4、5—定子绕组引线

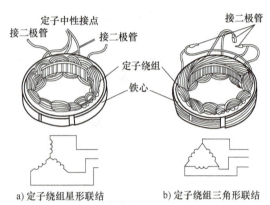

图4-25　交流发电机转子绕组

定子绕组应遵循的原则：
1）每相绕组的线圈个数、每个线圈的匝数和每个线圈的节距都必须完全相等。
2）三相绕组的起端A、B、C（或末端X、Y、Z）在定子槽内的排列，必须相隔120°的角度。

2. 转子总成

转子的作用是产生磁场，其主要由两块爪极、磁轭、磁场绕组、滑环及轴等组成，如图4-26所示。

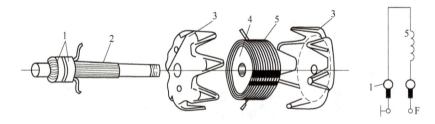

图4-26　交流发电机的转子
1—滑环　2—转子轴　3—爪极　4—磁轭　5—磁场绕组

两块爪极被压装在转轴上，且内腔装有磁轭，其上绕有磁场绕组。绕组两端的引线分别焊在与轴绝缘的两个滑环上。两个电刷装在与端盖绝缘的电刷架内，通过弹簧力使其与滑环保持接触。当发电机工作时，两电刷与直流电源连通，可为磁场绕组提供定向电流并产生轴向磁通，使两块爪极被分别磁化为N极和S极，从而形成犬牙交错的磁极对并沿圆周方向均匀分布。磁极对数为4~7对，国产发电机大多采用6对磁极。爪极凸缘的外形像鸟嘴，这种形状可以使定子感应的交流电动势近似于正弦波形。转子每转一周，定子的每相电路上就能产生周波个数等于磁极对数的交流电动势。

3. 整流器

交流发电机的整流器大多由六只硅二极管组成，如图4-27所示。外壳为正极、中心引线为负极的二极管称为负极管，管壳底上注有黑色标记；外壳为负极、中心引线为正极的二极管称为正极管，管壳底上有红色标记。安装三只正极管的整流板（装在外侧）称为正整流板，安装三只负极管的整流板（装在内侧）称为负整流板。两块板子绝缘地安装在一起，它与后端盖用尼龙或其他绝缘材料制成的垫片隔开且固定在后端盖上。

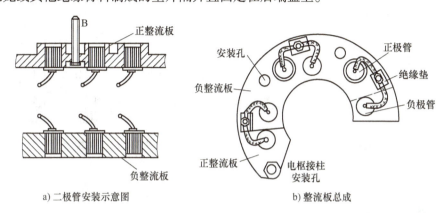

图4-27 整流极板二极管的安装

4. 带轮及风扇

交流发电机的前端装有带轮和风扇，由发动机通过传动带驱动发电机的转子轴和风扇一起旋转。

发电机工作时，定子绕组和励磁绕组中都会有热量产生，若温度过高，则会烧坏导线的绝缘而导致发电机不能正常工作，所以必须为发电机散热。为了提高散热能力，有的发电机装有两台风扇（前后各一台），如丰田轿车的发电机。

5. 端盖与电刷总成

发电机前端装有带轮，由发动机通过传动带带动。带轮后面装有风扇，靠风扇的离心作用给发电机强制通风。前后端盖用3~4个螺栓与定子紧固在一起。

端盖包括驱动端盖、整流端盖以及安装在其上的轴承、轴承盖等零部件。端盖由铝合金制成。因为铝合金为非导磁材料，可减少漏磁，并具有轻便、散热性能良好等优点。为了提高轴承孔的机械强度，增加其耐磨性，有些发电机端盖的轴承座内镶有钢套。

后端盖上装有电刷架。两个电刷分别装在电刷架的孔内，借弹簧压力与滑环保持接触。目前，国产交流发电机的电刷架有两种结构形式：一种电刷架可直接从发电机外部进行拆装，如图4-28a所示；另一种电刷架则不能直接在发电机外部进行拆装，如图4-28b所示，若需要更换电刷，必须将发电机拆开。

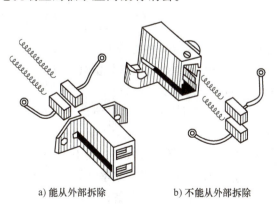

图4-28 电刷架的结构

提示：电刷的高度低于7mm时应更换，更换时注意电刷的规格型号要一致。

交流发电机有内、外搭铁之分，如图 4-29 所示，故电刷引线的接法也有所不同。对于内搭铁的交流发电机，磁场绕组直接通过交流发电机的外壳搭铁，故其中一根引线接至后端盖上的磁场接线柱"F"（或"磁场"），另一根引线则直接与发电机外壳上的搭铁接线柱"－"（或"搭铁"）连接。而外搭铁交流发电机的磁场绕组必须通过电压调节器后（交流发电机的外部）再搭铁，故电刷引线必须分别与发电机后端盖上的"F＋"（或"F_1"）和"F－"（或"F_2"）接线柱相连。

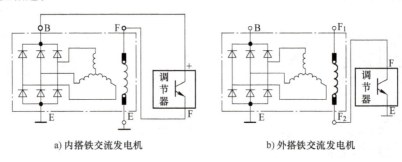

图 4-29　交流发电机的搭铁形式

三、交流发电机的工作原理

1. 交流电动势的产生

交流发电机的工作原理如图 4-30 所示。

交流发电机定子的三相绕组按一定的规律排列在发电机的定子槽内，依次相差 120°的角度。

当磁场绕组接通直流电源时即被激励，转子的爪极被磁化为 N 极和 S 极。其磁感应线由 N 极出发，穿过转子与定子之间很小的气隙进入定子铁心，最后又通过气隙回到相邻的 S 极。当转子旋转时，由

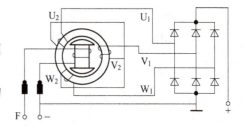

图 4-30　交流发电机工作原理图

于定子绕组与磁感线之间有相对的切割运动，在三相绕组中产生了频率相同、幅值相等、相位相差 120°的正弦感应电动势

$$e_{U_1} = E_m \sin(\omega t) = \sqrt{2} E_\Phi \sin(\omega t)$$
$$e_{V_1} = E_m \sin(\omega t - 120°) = \sqrt{2} E_\Phi \sin(\omega t - 120°) \quad (4-32)$$
$$e_{W_1} = E_m \sin(\omega t - 240°) = \sqrt{2} E_\Phi \sin(\omega t - 240°)$$

式中　E_m——相电动势的最大值（V）；

　　　E_Φ——相电动势的有效值（V）；

　　　ω——角速度（rad）。

发电机每相绕组所产生的电动势的有效值为

$$E_\Phi = 4.44 k f N \Phi \quad (4-33)$$

式中　k——定子绕组系数，一般小于 1；

　　　f——感应电动势的频率（Hz），$f = Pn/60$（P 为磁极对数；n 为转速，单位为 r/min）；

　　　N——每相绕组的匝数；

　　　Φ——磁极的磁通量（Wb）。

上式表明，使用中的交流发电机，其交变电动势的有效值取决于转速和转子的磁通量，这一性质将直接决定交流发电机的输出电压值。

2. 整流原理

六管交流发电机的整流装置实际上是一个由六只硅整流二极管组成的三相桥式整流电路。如图 4-31a 所示，三个二极管 VD_1、VD_3、VD_5 组成共阴极组接法，三个二极管 VD_2、VD_4、VD_6 组成共阳极组接法。每个时刻有两个二极管同时导通，其中一个在共阴极组，另一个在共阳极组，同时导通的两个管子总是将发电机的电压加在负荷两端。

当 $t=0$ 时，W 相电位最高，V 相电位最低，所对应的二极管 VD_5、VD_4 均处于正向导通状态。电流从绕组 W 出发，经 $VD_5 \rightarrow$ 负载 $R_L \rightarrow VD_4 \rightarrow$ 绕组 V 构成回路。由于二极管的内阻很小，所以此时发电机的输出电压可视为 V、W 绕组之间的线电压。

在 $t_1 \sim t_2$ 时间内，U 相电位最高，V 相电位最低，故对应的 VD_1、VD_4 处于正向导通状态。同理，交流发动机的输出电压可视为 U、V 绕组之间的线电压。

在 $t_2 \sim t_3$ 时间内，U 相电位最高，W 相电位最低，故 VD_1、VD_6 处于正向导通状态。同理，交流发动机的输出电压可视为 U、W 绕组之间的线电压。

依此类推，周而复始，在负载上便可获得一个比较平稳的直流脉动电压。交流发电机输出电压的平均值为

$$U = 2.34 U_\Phi 。 \quad (4-34)$$

式中　U——输出直流电压的平均值（V）；

　　　U_Φ——发电机相电压有效值（V）。

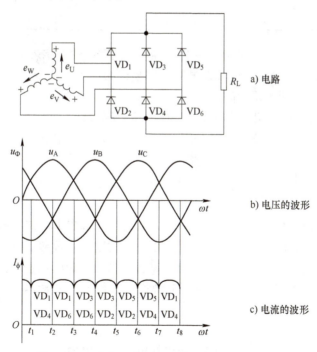

图 4-31　三相桥式整流电路中电压、电流的波形

四、交流发电机的型号

汽车发电机种类繁多，结构各异。不同型号的发电机，其结构、发电电压、功率、设计

序号、调整臂位置也都不相同。

根据中华人民共和国行业标准 QC/T 73—1993《汽车电气设备产品型号编制方法》的规定，汽车交流发电机的型号如图 4-32 所示。

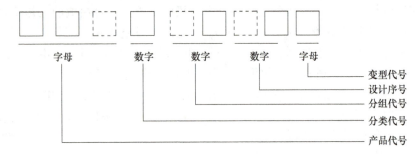

图 4-32　汽车发电机的型号组成

(1) **第 1 部分为产品代号**　交流发电机的产品代号有：JF、JFZ、JFB、JFW 四种，分别表示交流发电机、整体式交流发电机、带泵交流发电机和无刷交流发电机。

(2) **第 2 部分为电压等级代号**　用 1 位阿拉伯数字表示：1 表示 12V；2 表示 24V；6 表示 6V。

(3) **第 3 部分为电流等级代号**　用 1 位阿拉伯数字表示，其含义见表 4-1。

表 4-1　电流等级代号

电流等级代号	1	2	3	4	5	6	7	8	9
电流/A	≤19	20~29	30~39	40~49	50~59	60~69	70~79	80~89	≥90

(4) **第 4 部分为设计序号**　按产品的先后顺序，用阿拉伯数字表示。

(5) **第 5 部分为变型代号**　交流发电机以调整臂的位置作为变型代号。从驱动端看，Y 表示右边，Z 表示左边；无表示中间。

例如：桑塔纳、奥迪 100 型轿车所使用的代号为 JFZ1913Z 型交流发电机，其含义为：电压等级为 12V、输出电流大于 90A、第 13 次设计、调整臂位于左边的整体式交流发电机。

任务四　安全用电

电能是一种方便的能源，它的广泛应用推进了人类近代史上第二次技术革命。电能的利用有力地推动了人类社会的发展，给人类创造了巨大的财富，改善了人类的生活。但是，如果在生产和生活中不注意安全用电，也会带来灾害。例如，触电可造成人身伤亡，设备漏电产生的电火花可能酿成火灾、爆炸，高频用电设备可产生电磁污染等。

一、电流对人体的危害

人体接触带电体，电流通过人体就会造成触电。一旦触电，人体就会受到不同程度的伤害，如不能迅速脱离带电体，则会导致死亡事故。

事实表明，触电对人体的伤害程度与以下因素有关：

1) 与人体电阻大小有关。人体电阻越大，在相同的电压作用下，电流越小，伤害程度也就越轻。研究表明，当皮肤完好且干燥时，人体电阻为 10~100kΩ；不同人体，其电阻差别很大。当表皮损伤或湿润时，电阻可降至 800~1000Ω。

2）与电流流过人体的时间长短有关。电流流过人体的时间越长，危害越大；电流流过人体的时间越短，则伤害越小。

3）与电流流过人体的大小有关。流过人体的电流越大，则伤害越大。当电流达 50mA 时，就有生命危险。以人体电阻为 800Ω 计算，人体接触 40V 电压时生命就有危险，通常把 36V 作为安全电压。在潮湿的环境中，安全电压等级更低，为 24V 或 12V。

4）与电流的频率有关。直流与频率为 50Hz 的工频交流对人体的伤害最大，而高于 20kHz 的交流对人体没有伤害。

二、常见的触电原因

发生触电的原因很多，主要原因如下：
1）人们在某种场合中没有遵守安全规程，直接接触或过分靠近电气设备的带电部分。
2）电气设备的安装不合乎规程要求，如接地不良、带电体的对地绝缘不够等。
3）人体触及因绝缘损坏而带电的电气设备外壳和与之相连的金属构架。
4）不懂电气技术的人误操作造成触电。

三、防止触电的安全措施

日常生活中，电如同水与空气一样重要，已经渗透到人们生活的方方面面。事实表明，不论是直流电还是交流电，均可导致触电事故的发生，所以安全用电是劳动保护教育与安全技术中重要的组成部分。

(1) 停电操作及安全措施

1）关闭电源。检查电气线路时，应先关闭低压开关，后关闭高压开关。对于多回路的线路，要防止从低压侧向被检修设备反向送电。
2）验电。
3）装接地线。装接地线时，应先接地端，后接导体端。拆接地线时，应先拆导体端，后拆接地端。
4）在六级以上大风、大雪及雷电等情况下，严禁登杆作业及倒闸操作。
5）登杆前必须检查杆根是否牢固。
6）登杆作业时地面要有人监护；材料、工具要用绳传递；杆下 2m 内不准站人，现场工作人员应戴安全帽。
7）杆上作业必须使用安全带。
8）使用梯子时要有人扶持或采取防滑措施。

(2) 带电操作的防触电措施

1）带电操作时必须遵循有关安全规定，由经过培训、考试合格的电工进行，并派有经验的专业电气人员监护。
2）使用绝缘良好的工具，穿无破损、无油污的绝缘鞋，站在干燥的绝缘物上。
3）应先分清相线、零线。
4）对已断开的相线和带电体应采取绝缘或隔离措施。
5）检修架设在高压电杆上的低压线路时，检修人员与高压线之间的距离应大于安全距离。

四、触电急救

人体发生触电事故后,应及时采取正确的救护措施,这样死亡率可大大降低。有效的急救在于快而得法,即用最快的速度,施以正确的方法进行现场救护,多数触电者是可以生还的。触电急救的第一步是使触电者迅速脱离电源,第二步是现场救护。

(1) 使触电者迅速脱离电源

1) 拉:立即拉下开关或拔掉电源插头。

2) 切:迅速用绝缘好的钢丝钳或断线钳剪断电线。

3) 挑:用绝缘工具、干燥的木棒等将电线挑开。

4) 拽:可戴手套或在手上包裹衣物等绝缘物拖拽触电者。

5) 垫:如果带电导体缠绕在触电者身上,救护人员可先用木板塞进触电者身下,使其与地绝缘来隔断电源通路,然后采取其他方法把电源迅速切断。

(2) 现场救护 根据触电者受伤害的轻重程度,采取以下抢救措施:

1) 如果触电者受伤害不很严重,神志尚清醒,或曾昏迷但未失去知觉,则应让其在温度适宜、通风良好处静卧休息,并派人严密观察,同时尽快请医生来或送医院就诊治疗。

2) 对已昏迷,有心跳但无呼吸者,需进行人工呼吸。

实训操作

实训需要的工具及其数量见表4-2。

表4-2 工具明细

件 号	名 称	型号及规格	数 量
1	万用表		1个
2	交流发电机		1台
3	世达拆装专用工具		1套
4	汽车电气万能试验台		1个

实训操作　发电机不工作的故障检修

一、发电机就车检查

1. 充电指示灯检查

打开点火开关，不起动发动机，查看仪表充电指示灯是否点亮，如图 4-33 所示。如不亮，则应检查相应电路或充电指示灯熔丝是否熔断，指示灯灯泡是否损坏，如有应更换。如果充电指示灯亮，则起动发动机，当发动机正常运转时充电指示灯应熄灭，否则应检查发电机。

2. 发电机的整体检测

经过以上检查后，将交流发电机从汽车上拆下来。首先，对它进行不解体检测，对故障部位进行初步判断。对于电压调节器在外的交流发电机，通过整体检测，可以对励磁线圈（包括电刷、滑环、励磁绕组等）、整流器作初步判断。交流发电机的不解体检测通常有万用表检测、试验法检测、示波器检测等方法。用万用表检测简单、直接、经济、安全。下面以万用表检测为例进行介绍。

汽车交流发电机的引线端分别为 B、F、E。其中 E 为搭铁端子，B 为整流后电压输出端，F 为励磁电压端，如图 4-34 所示。根据电路及发电机结构分析，F 与 E 端内为励磁绕组，中间经过了电刷与滑环。电路正常时，只有励磁绕组的直流电阻，其值相当小。而 B 端子是发电机三相电动势经整流二极管整流后的输出端，当任意一个二极管出现开路故障时，用万用表的二极管档进行检测，与正常时的数据无差别。所以不解体检测时，对 B 与 E 端子的检测，其结果是不确定的。用数字万用表欧姆档测量 F、E 端子，其测量数值及故障分析见表 4-3。

图 4-33　充电指示灯

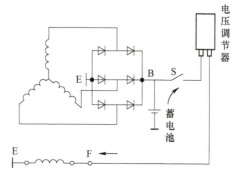

图 4-34　发电机引线端示意图

表 4-3　测量数值及故障分析

正常值	异常情况	故障原因分析
6～8Ω	阻值大于标准值	电刷与滑环接触不良
	阻值小于标准值	励磁绕组局部短路
	阻值为∞	励磁绕组断路
	阻值为0	F 接柱搭铁或两只滑环短路

二、发电机的解体检测与维修

1. 交流发电机的拆解

1）清除发电机外部的灰尘、泥土。
2）拆下电刷架紧固螺钉，取下电刷架总成（含电刷），如图4-35所示。
3）拆下连接前、后端盖的拉紧螺栓，将其分解为与转子结合的前端盖和与定子连接的后端盖两大部分，如图4-36所示。

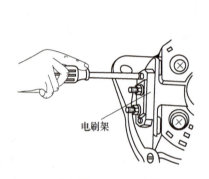

图4-35　电刷架总成

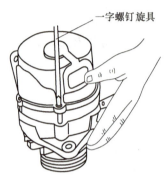

图4-36　端盖的拆卸

注意： 不能单独将后端盖分离下来，否则会扯断定子绕组与整流器的连接线。

4）将转子夹紧在台虎钳上，拆下带轮紧固螺母后，可依次取下带轮、风扇、半圆键、定位套，如图4-37所示。
5）将前端盖与转子分离，若该部装配过紧，可用拉拔器拉开，或用木槌轻轻敲击使之分离，如图4-38所示。

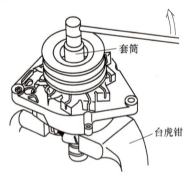

图4-37　将转子夹紧在台虎钳上

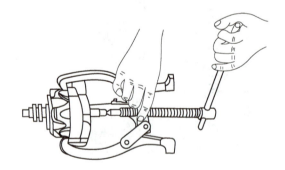

图4-38　将前端盖与转子分离

注意： 铝合金端盖容易变形，因此拆卸时应均匀用力。

6）拆掉防护罩。拆掉后端盖上的三个螺钉，即可将防护罩取下，如图4-39所示。
7）拆下定子上四个接线端（三相绕组首端及中性点）在散热板上的连接螺母，使定子与后端盖分离，如图4-40所示。
8）拆下后端盖上紧固整流器总成的螺钉，取下整流器总成，如图4-41所示。
9）用工业汽油清洗各机械零件，并对其进行检测。

对机械部分,可用汽油或清洗液清洗;对电气部分(如绕组、散热板及封闭轴承等),宜用干净的棉纱擦拭其表面的尘土、脏污。

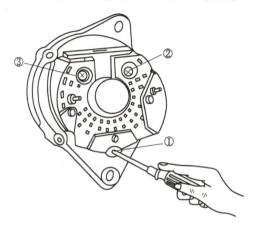

图4-39 拆掉后端盖上的三个螺钉

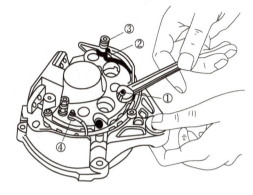

图4-40 拆下散热板上的连接螺母

2. 交流发电机的检修

（1）转子的检测

1）转子绕组短路与断路的检查。用数字万用表的低电阻档检测两滑环之间的电阻,如图4-42所示,应符合技术标准。若阻值为"∞",则说明断路;若阻值过小,则说明短路。一般12V发电机转子绕组的电阻为3.5~6Ω,24V发电机的为15~21Ω。

2）转子绕组搭铁检查。即检查转子绕组与铁心（或转子轴）之间的绝缘情况。用万用表导通档检测两滑环与铁心（或转子轴）之间的导通情况,如图4-43所示。若为零且万用表发出响声,则说明有搭铁故障（正常应为"∞"）。断路时,应焊修或更换转子总成;短路和搭铁时,应更换转子总成。

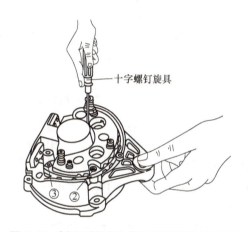

图4-41 拆下后端盖上紧固整流器总成的螺钉

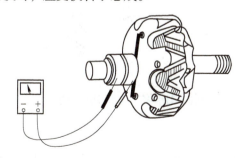

图4-42 励磁绕组短路、断路的检测

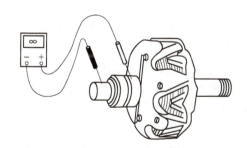

图4-43 励磁绕组搭铁的检测

（2）定子的检测

1）定子绕组断路的检修。用数字万用表的R×1档检测定子绕组三个接线端,两两相测,如图4-44所示。正常值时,阻值应小于1Ω且相等;若阻值为"∞",则说明断路。存在断路故障时，应用35W、220V的电烙铁焊接修复；若不能修复，则应更换定子绕组或定子总成。

2）定子绕组搭铁检查。即检查定子绕组与定子铁心间的绝缘情况。用数字万用表电阻最大档测定子绕组接线端与铁心间的电阻应为∞，如图4-45所示，否则说明有搭铁故障。有搭铁故障时，应更换定子绕组或定子总成。

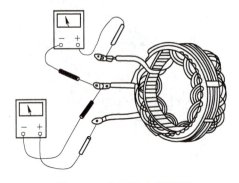
图4-44 定子断路的检测

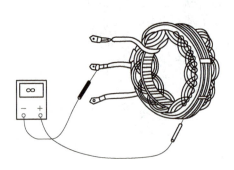
图4-45 定子搭铁的检测

（3）整流器的检测

1）检查二极管的好坏。将万用表的两测试棒接于二极管的两极测其电阻，再反接测一次，若电阻值一大（10kΩ）一小（8~10Ω），差异很大，说明二极管良好；若两次测量阻值均为"∞"，则为断路；若两次测得阻值均为0，则为短路。

对焊接式整流二极管来说，只要有一只二极管损坏，则需更换该二极管所在的正或负整流板总成；若为压装结构，则只需更换故障二极管即可。

2）二极管的极性判别。将万用表的正测试棒（红色）接二极管的引出极，负测试棒（黑色）接二极管的另一极，测其电阻。若阻值为8~10Ω，则该二极管为正极管；若阻值大于10kΩ，则该二极管为负极管。

（4）检查电刷组件

1）外观检查。电刷表面应无油污，无破损、变形，且应在电刷架中活动自如。

2）电刷长度检查。如图4-46所示，用游标卡尺或钢直尺测量电刷露出电刷架的长度，应与规定相符。

（5）其他零件的检查 检查发电机各接线柱绝缘情况，发现搭铁故障应拆检；检查轴承轴向和径向间隙均应不大于0.20mm，滚珠、滚道无斑点，轴承无转动异响；检查前后端盖、带轮等应无裂损，绝缘垫应完好。

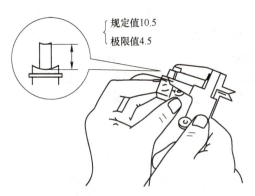
图4-46 电刷长度检查

3. 交流发电机的装复

对检测合格的各部件进行装复。装复前，先在轴承内填充润滑脂，填充量约为轴承空间的1/3，然后按与拆解时相反的顺序组装交流发电机。

1）将前端盖、风扇、半圆键和带轮依次装到转子轴上，并用螺母紧固。

2）将整流板、定子绕组依次装入后端盖。

3）将两端盖装合在一起，并拧紧连接螺栓。

4）拧紧后端盖轴承紧固螺母，装好轴承盖。
5）装电刷组件。
6）装复后，转动发动机带轮，转子转动应平顺，无摩擦及碰击声。
7）将发电机固定在万能试验台上，进行空载试验与满载试验。按万能试验台说明书操作。

注意事项：
1）用台虎钳装夹转子爪形磁极时，必须注意不能使磁爪受损变形。
2）进行发电机试验时，必须将发电机可靠地固定，以免酿成事故。同时，要控制发电机的最高转速，防止因电压过高而烧坏整流元件。

课后测评

一、填空题

1. _____和_____随时间做_____变化的电流称为交变电流，简称交流电。
2. _____不随时间变化的电流称为直流，大小和方向都不随时间变化的电流称为_____电流。
3. 转子总成的作用是产生_____，它由_____、_____绕组、两块_____、_____等组成。
4. 定子总成的作用是产生_____，它由_____、_____和_____组成。
5. 定子绕组的联结方式有_____和_____两种，硅整流发电机常采用_____。
6. 正极管的中心引线为_____，外壳为_____，管壳底上有_____色标记。

二、选择题

1. 正弦交变电动势的最大值出现在_____。
   A. 线圈经过中性面时　　　　B. 穿过线圈的磁通量为零时
   C. 穿过线圈的磁通量变化最快时　　D. 线圈边框的速度与磁感线垂直时
2. 对于正弦交流电，下列说法正确的是_____。
   A. 线圈转动一周，电流大小改变两次
   B. 线圈转动一周，电流大小不变
   C. 线圈转动一周，电流大小随时改变
   D. 线圈转动一周，电流方向改变四次
3. F是硅整流发电机_____接线柱代号。
   A. 电枢　　　　B. 磁场　　　　C. 中性抽头
4. 硅整流发电机因二极管具有单向导电性，故不必装_____。
   A. 调节器　　B. 限流器　　C. 断流器　　D. 整流器
5. 硅整流发电机中因二极管具有单向导电性，故不必装_____。
   A. 调节器　　B. 限流器　　C. 断流器
6. 甲说：汽车充电系统由蓄电池、交流发电机、点火开关、充电指示灯及电路组成。乙说：充电指示灯监控充电系统的工作情况，充电指示灯亮，说明发电机工作正常。以下结论_____正确。
   A. 甲正确　　B. 乙正确　　C. 甲乙都正确　　D. 甲乙都错误

7. 交流发电机在正常工作时属_____。
   A. 他励串励式发电机　　　　B. 自励串励式发电机　　　　C. 自励并励式发电机
8. 下列说法不正确的是_____。
   A. 在发动机运转及汽车行驶的大部分时间里，由交流发电机向各用电设备供电
   B. 在发动机怠速运转时，交流发电机向各用电设备供电
   C. 在发动机起动时，协助蓄电池向起动机和各用电设备供电
   D. 在发电机的端电压高于蓄电池的电动势时，发电机向蓄电池充电
9. 硅整流器可以将定子绕组产生的三相交流电变为直流电，它由_____等组成。
   A. 6只硅二极管　　　B. 6只硅晶体管　　　C. 正散热板　　　　　D. 负散热板

三、简答题

1. 汽车电源是怎样构成的？它们如何配合工作？
2. 当汽车发电机出现故障时，最明显的特征是什么？
3. 在三相四线制电路中，电源电压为380V。三个电阻型负载成星形联结，其电阻为 $R_1 = 11\Omega$，$R_2 = R_3 = 22\Omega$。1）试求负载相电压、相电流及中性线电流，并画出它们的相量图；2）如无中性线，当 R_1 相短路时，求另两相电压；3）如无中性线，当 R_1 相断路时，求另两相电压；4）在问题2）、3）如有中性线又会如何？
4. 交流发电机主要由哪些部分构成？各组成部分的作用是什么？
5. 简述交流发电机的工作原理。
6. 什么是对称负载？在星形联结中，当负载对称时，各相电压、相电流有什么关系？中线电流有什么特点？画出相电流的相量图。
7. 在对汽车交流发电机进行解体检测时，其检测的主要内容有哪些？检测意义是什么？
8. 硅整流发电机的励磁过程怎样？

项目五

电动机无法工作的故障检修

学习目标

目标类型	目标要求
知识目标	1. 掌握三相交流异步电动机的结构 2. 了解三相交流异步电动机的工作原理及应用 3. 掌握直流串励电动机的结构与工作原理 4. 了解直流电动机在汽车上的应用
技能目标	1. 会拆装检测直流电动机 2. 能够说出若干个直流电动机在汽车中的应用

项目描述

通过进行电动机无法工作的故障检修,掌握三相交流异步电动机的结构和直流串励电动机的结构与工作原理;了解三相交流异步电动机的工作原理及应用以及直流电动机在汽车上的应用;并能够进行直流电动机的拆装与检测,最终能够检修电动机无法工作的故障。

任务一 交流电动机的认识

交流电动机是将交流电的电能转变为机械能的一种机器。电动机是利用通电线圈在磁场中受力转动的现象制成的。

交流电动机可分为异步电动机和同步电动机两大类。异步电动机又称为感应电动机,主要用于拖动各种生产机械。交流电动机结构简单、价格低廉、运行可靠、运行效率高,在生产实际中得到了广泛的应用。例如,在工业方面,用于拖动各种金属切削机床、轻工机械等;在农业方面,用于拖动水泵、粉碎机以及其他农副产品的加工机械等;在民用电器方面,洗衣机、电冰箱、空调机等都用交流电动机拖动。本节主要讨论三相交流异步电动机。

一、三相异步电动机的结构

三相异步电动机按转子结构的不同,分为笼型和绕线型异步电动机两大类。异步电动机和所有旋转电动机一样,都由两个基本部分组成:定子(固定部分)和转子(旋转部分)。三相笼型异步电动机的结构如图5-1所示。

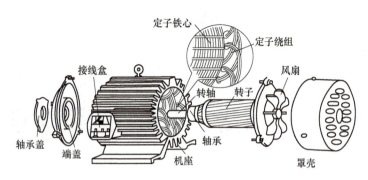

图 5-1　三相笼型异步电动机的结构

1. 异步电动机的定子

定子主要由机座、定子铁心和定子绕组三部分组成。

1）机座是用铸铁或铸钢制成的，用来固定和防护电动机。

2）铁心是电动机磁路的组成部分。为减小磁滞和涡流损耗，一般用表面涂有绝缘漆的厚度为 0.2～0.3mm 的硅钢片叠制而成。铁心的内圆周表面冲有槽孔，用以放置定子绕组，如图 5-2 所示。

3）定子绕组是电动机的电路组成部分。由单个线圈按照一定的规律连接而成的三相对称绕组，每相绕组轴线在空间互成 120°。三相异步电动机的对称绕组共有六个出线端，每相绕组的首端 U_1、V_1、W_1 和末端 U_2、V_2、W_2 接到机座的接线盒上。根据电源电压和电动机绕组电压的额定值不同，把三相绕组联结成星形（Y）或者三角形（△），如图 5-3 所示。如果电动机各绕组的额定电压是 220V，则定子绕组联结成星形；如果电动机各绕组的额定电压为 380V，则定子绕组联结成三角形。中小型电动机一般采用绝缘铜线或铝线绕制成的三相对称绕组，按一定的联结规则嵌放在定子槽中。

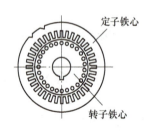

图 5-2　定子和转子的铁心片

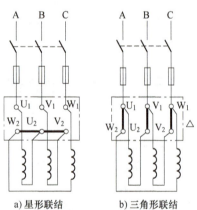

图 5-3　定子绕组的星形和三角形联结

2. 异步电动机的转子

异步电动机的转子主要由转子铁心、转子绕组和转轴三部分组成。它的功能是在旋转磁场的作用下，通过电磁感应产生电磁转矩，从而带动生产机械运转。

（1）转子铁心　转子铁心是电动机磁路的一部分，由相互绝缘的硅钢片叠成，其铁心外圆周表面冲有槽孔，以便放置转子绕组。

(2) 转轴　转轴的作用是固定铁心和传递机械功率。为保证其刚度和强度，转轴一般由低碳钢或合金钢制成。

(3) 转子绕组　转子绕组的作用是产生电磁转矩。转子绕组根据构造不同，可分为笼型和绕线型两种。

1) 笼型转子。在转子铁心的每个槽中穿入裸铜条，并在铜条两端分别用两个铜环（端环）连接，形成了一个自行短路的多相对称短路绕组。由于转子绕组的形状像一个笼子，故称为笼型转子，如图 5-4a 所示。为了节省铜材，中、小型电动机一般都采用铸铝转子。把熔化的铝浇注在转子铁心槽内，将冷却用的风扇叶片和转子一次铸成，简化了制造工艺，如图 5-4b、c 所示。

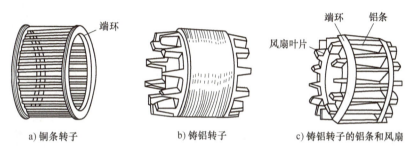

a) 铜条转子　　b) 铸铝转子　　c) 铸铝转子的铝条和风扇

图 5-4　笼型转子

2) 绕线型转子。绕线型转子绕组与定子绕组相似，也是由彼此绝缘的导体按一定的规律联结成三相对称绕组，其极数与定子绕组的极数相同，嵌放在转子铁心槽中。三相绕组联结成星形，首端分别接到转轴上三个彼此绝缘的滑环上，末端连在一起。滑环通过电刷将转子绕组的三个首端引到机座的接线盒里，以便在转子电路中串入附加电阻，用来改善电动机的起动和调速性能。绕线型转子的结构如图 5-5 所示。

笼型电动机的结构简单、价格低廉、工作可靠、使用方便，因而在生产中得到广泛使用；而绕线型电动机主要用于具有较大起动转矩以及有一定调速范围的场合，如大型立式车床和起重设备等。

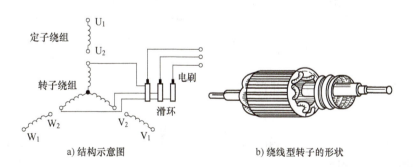

a) 结构示意图　　b) 绕线型转子的形状

图 5-5　绕线型转子

二、三相异步电动机的工作原理

1. 旋转磁场的产生及转速

三相异步电动机之所以能转起来，是因为当三相绕组通以三相对称电流时会产生旋转磁场。如果在定子绕组中通入对称的交流电流，就会在电动机内部建立一个恒速旋转的磁场，称为旋转磁场，它与转子绕组内的感应电流相互作用形成电磁转矩，推动转子旋转。

三相异步电动机定子绕组的分布如图 5-6 所示。三相对称绕组 U_1U_2、V_1V_2、W_1W_2 的线圈边嵌放在定子槽内，在空间上互差 120°。规定各绕组中电流的正方向从绕组的首端流入、末端流出。设流过三相线圈的电流分别是

$$i_U = I_m \sin\omega t$$
$$i_V = I_m \sin(\omega t - 120°)$$
$$i_W = I_m \sin(\omega t + 120°)$$
(5-1)

三相定子电流的波形图如图 5-7 所示，现研究几个瞬间。

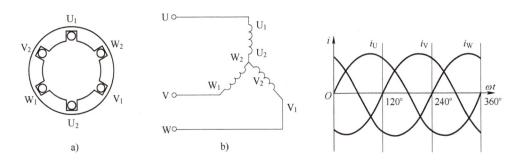

图 5-6　定子绕组　　　　　　　图 5-7　三相定子电流的波形

1) 当 $\omega t = 0°$ 时，$i_U = 0$，U 相没有电流流过；i_V 为负，表示电流由末端流向首端；i_W 为正，表示电流由首端流入。对定子铁心而言，上方相当于 N 极，下方相当于 S 极，磁极对数 $P=1$。

2) 当 $t = T/6$ 瞬间，i_U 为正，$i_V < 0$，$i_W = 0$，可知三相合成磁场在空间沿顺时针方向旋转了 60°。

3) 当 $t = T/3$ 瞬间，i_U 为正，$i_V = 0$，$i_W < 0$，可知三相合成磁场比上一时刻又旋转了 60°。

可见，三相对称的定子绕组通入对称的三相电流时，将在电动机中产生旋转磁场，当电流经过一个周期的变化时，磁场沿着顺时针方向旋转一圈，即在空间旋转的角度为 360°。即当磁极对数 $P=1$ 时，电流变化一周，其合成磁场在空间也旋转一周。

根据上面的分析，电流变化一个周期，旋转磁场在空间旋转一周，若电流的频率为 f_1，则旋转磁场的转速为 f_1 r/s。若用 n_0 表示旋转磁场的转速，则

$$n_0 = 60f_1 \quad (5-2)$$

当磁场具有 P 对磁极时，旋转磁场的转速为

$$n_0 = \frac{60f_1}{P} \quad (5-3)$$

由式（5-3）可知，旋转磁场的转速 n_0（也称同步转速）（r/min）取决于电源频率 f_1（Hz）和电动机的磁极对数 P。

我国的电源频率为 50Hz，电动机的同步转速与磁极对数 P 的关系见表 5-1。旋转磁场的方向由电源相序决定，任意对调电动机的两根电源线就可以使电动机反转。

表 5-1　不同磁极对数时的同步转速

P	1	2	3	4	5	6
n_0/(r/min)	3000	1500	1000	750	600	500

2. 三相异步电动机的结构原理

由上面分析可知，如果在定子绕组中通入三相对称电流，则定子内部产生转速为 n 的旋转磁场。这时转子导体与旋转磁场之间存在着相对运动，切割磁感应线而产生感应电动势。

图 5-8 所示为异步电动机转动原理示意图。假设磁场以同步转速 n_0 沿顺时针方向旋转，转子导条则以逆时针方向切割磁力线，此时将在导条中产生感应电动势。由于转子导条的两端自行短路而形成闭合电路，故导条中有感应电流，其方向如图 5-8 所示。载流的转子导条在磁场中受到电磁力 f 的作用而形成电磁转矩，使转子沿顺时针方向旋转。

在转子旋转过程中，其转速 n 总是小于同步转速 n_0，否则，两者之间没有相对运动，就不会产生感应电动势及感应电流，电磁转矩也无法形成，这就是异步电动机名称的由来。

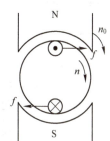

图 5-8 异步电动机转动原理

同步转速 n_0 与转子转速 n 之差同 n_0 的比值称为异步电动机的转差率，用 s 表示，即

$$s = \frac{n_0 - n}{n_0} \qquad (5\text{-}4)$$

转差率是分析异步电动机运行情况的一个重要参数。在电动机起动瞬间，$n=0$，$s=1$，转差率最大；空载运行时，转子转速最高，转差率最小。对于异步电动机，在额定负载情况下，一般 $s=0.02\sim0.06$。若 $n_0=n$，则 $s=0$，为理想空载情况，此时对应的转速称为理想空载转速。由于存在摩擦作用，理想空载转速是不存在的，所以异步电动机的转差率范围是 $0<s<1$。

三、三相异步电动机的铭牌数据

每台电动机基座上都有一块铭牌。铭牌上面标明了电动机的型号、额定值和有关技术数据。某电动机的铭牌数据如下：

三相异步电动机		
型号 Y132M-4	功率 7.5kW	频率 50Hz
电压 380V	电流 15.4A	接法（三角形）
转速 1440r/min	绝缘等级 B	工作方式 连续
年月	编号	电动机厂

（1）型号 Y132M-4

Y—笼型三相异步电动机，异步电动机产品名称代号见表 5-2。

132—电动机的机座中心高；

M—此字母表示电动机的机座号，本例 M 表示中号机座；

4—表示磁极数为 4 极（即 2 对磁极，P=2）。

表 5-2 异步电动机产品名称代号

产品名称	新代号	老代号
异步电动机	Y	J、JQ
绕线型异步电动机	YR	JR、JRO

(续)

产品名称	新代号	老代号
防爆型异步电动机	YB	JB、JBO
高起动转矩异步电动机	YQ	JQ、JQO

(2) 额定功率 P_n　电动机在额定条件下运行时轴上输出的机械功率称为额定功率，单位是 kW，它不等于从电源汲取的电功率 P_1。三相异步电动机的功率因数较低，在额定负载时为 0.7~0.9；空载时功率因数很低，只有 0.2~0.3。

(3) 额度频率 f_n　f_n 是指加在电动机定子绕组上的允许频率，我国电网频率规定为 50Hz。

(4) 额定电压 U_n 和接法　U_n 是指电动机在额定条件下运行时，定子绕组上应加的线电压。本例中，$U_n = 380V$。

若电流低于额定值，将引起转速下降；在满载或接近满载时，电流增大至超过额定值，将使绕组过热。一般规定额定功率在 3kW 及以下的 Y 系列三相异步电动机为星形联结，4kW 及以上的为三角形联结，如图 5-9 所示。

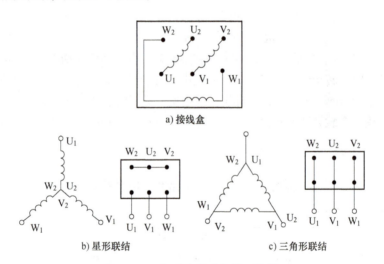

图 5-9　三相异步电动机绕组接线

(5) 额定电流 I_n　I_n 是指电动机在额定电压下运行，输出功率达到额定值时，流入定子绕组的线电流，单位为安培（A）。本例中 $I_n = 15.4A$。

(6) 额定转速 n　额定转速是指电动机定子加额定电压，且轴上输出额定功率时电动机的转速，单位为 r/min。本例中的额定转速为 $n = 1440r/min$。

(7) 绝缘等级　绝缘等级是指电动机绝缘材料能够承受的极限温度等级，分为 A、B、E、F 和 H 五级，A 级温度最低（105℃），H 级温度最高（180℃）。本例中电动机为 B 级绝缘，定子绕组的允许温度不能超过 130℃。

(8) 工作方式　电动机的工作方式分为三种：①连续工作方式，用 S_1 表示，这种工作方式允许电动机在额定条件下长时间连续运行；②短时工作方式，用 S_2 表示，这种工作方式规定电动机在额定条件下只能在额定时间内运行；③断续工作方式，用 S_3 表示，它允许电动机在额定条件下以周期性间歇方式运行。

任务二 直流电动机的认识

直流电动机是将直流电能转换为机械能的电动机,因其良好的调速性能而在电力拖动中得到广泛应用。在汽车的零部件中,直流电动机也得到了大量的应用。本节以汽车起动机的直流串励式电动机为例,介绍直流电动机的结构和工作原理。

一、直流串励式电动机的结构

汽车起动机总成一般由直流串励式电动机、传动机构和控制装置三大部分组成,如图 5-10 所示。

直流串励式电动机主要由电枢、定子(也称为磁极)、机壳、端盖、电刷与电刷架等部件组成,如图 5-11 所示。

图 5-10　汽车起动机的结构　　　　图 5-11　直流串励式电动机的组成

1. 电枢(转子)

电枢是电动机的转子,用来产生电磁转矩。电枢由铁心、电枢绕组、换向器和电枢轴等组成,如图 5-12 所示。

(1) 铁心　电枢铁心由许多相互绝缘的硅钢片叠成,其圆周表面有槽,用来安装电枢绕组。

(2) 电枢绕组　起动机要产生较大的转矩,而供电电压又很低,因此,电枢绕组的电流都很大。电枢绕组都是用较粗的矩形截面裸铜线绕制而成的,为了防止裸导线短路,在铁心与铜线之间、铜线与铜线之间用绝缘性能较好的复合绝缘纸隔开。

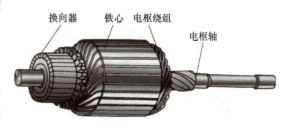

图 5-12　电枢的结构

电枢绕组各线圈的端头都焊在换向器铜片的凸缘上,通过电刷将蓄电池的电流引入。

(3) 换向器　换向器由一定数量的燕尾形铜片压装而成。铜片和铜片之间,铜片与压环、轴套之间均用云母(或硬塑料)绝缘。铜片的一端有焊接电枢绕组端头的凸缘。为了避免电刷磨损的粉末落入铜片间形成短路,起动机铜片间的云母不割低。

换向器通过电刷来连接磁场绕组与电枢绕组,将电源提供的直流电转化成电枢绕组所需要的交流电,以保证电枢绕组所产生的转矩方向不变。

(4) 电枢轴　电枢轴一般用优质钢材制成。除了固装铁心和换向器外,还伸出一定长度的花键及阶梯光轴,用以套装传动机构和在端盖上作支承用。

2. 定子

定子的作用是产生磁场，它由铁心、定子绕组和绝缘电刷组成，如图 5-13 所示。铁心由低碳钢制成，绕组由矩形铜条绕制，一端接外壳上的接线柱，另一端接两只非搭铁的电刷。

定子绕组与电枢绕组的连接方式有并励式、串励式和复励式三种。常见的汽车用起动机均用串励式，如图 5-14 所示。

磁极的作用是建立磁场，它由磁极铁心和励磁绕组组成。为了增大起动转矩，磁极数一般为 4 个，功率大于 7.35kW 的起动机有 6 个磁极。

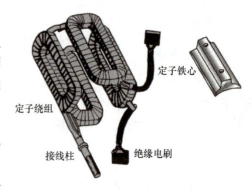

图 5-13 定子的结构

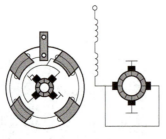
a) 四个励磁绕组串联

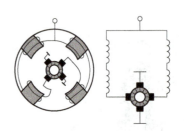
b) 励磁绕组两两串联后再并联

图 5-14 励磁绕组与电枢绕组的接法

3. 电刷及电刷架

1) 电刷如图 5-15 所示，它由铜粉（80%～90%）和石墨粉（10%～20%）压制而成。

2) 电刷架一般有四个，为金属框式，两个正电刷与端盖绝缘，两个负电刷直接接铁。电刷架上装有弹力较大的盘形弹簧，如图 5-16 所示。

图 5-15 电刷

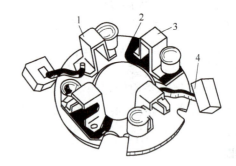

图 5-16 电刷与电刷架

1—接地电刷架　2—绝缘垫　3—绝缘电刷架　4—接地电刷

4. 轴承与机壳

1) 轴承采用青铜石墨轴承或铁基含油轴承，可承受冲击性载荷。减速式起动机的电枢转速高，故用滚柱轴承或滚珠轴承。

2) 机壳为基础件，并起导磁作用。一端有四个检查窗口，中部有一接线柱，其在机壳内与励磁绕组的一端相接。

5. 端盖

端盖有前端盖和后端盖。前端盖用钢板压制，内装有电刷架；后端盖用灰铸铁铸成，内装电动机传动机构，设有拨叉座及驱动齿轮行程调整螺钉。每个端盖的中间均装有青铜石墨轴承或铁基含油轴承；后端盖与机壳之间装中间轴承板，对轴起中间支承作用。整机由两个长螺栓通过前、后端盖夹紧机壳来固定。

二、直流串励式电动机的工作原理

直流电动机是将直流电能转换为机械能，并产生转矩的设备。它是根据通电导体在磁场中受力产生转动的原理设计的。

当蓄电池电流经过电刷引入电枢后，在线圈中有电流流过，方向如图 5-17 所示。根据左手定则，可以确定电磁力的方向，可见，线圈在电磁力的作用下沿逆时针方向旋转。当线圈旋转过半圈后，两个换向片更换了接触的电刷，流过线圈的电流也发生了改变，但是电磁力矩的方向没有改变，这样就保证了电动机始终向一个方向旋转。

电动机的电磁转矩 M 取决于磁通 Φ 和电枢电流 I_a 的乘积，即 $M = C_m \Phi I_a$。其中，C_m 为电动机结构常数。

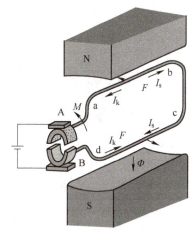

图 5-17　直流电动机的工作原理

任务三　直流电动机在汽车上的应用

一、电动机在汽车上的应用

汽车是由众多零部件构成的，其中十分重要的一个零部件就是电动机，它在汽车中有着广泛的应用。目前，汽车零部件用电动机不仅在数量、品种上有了很大变化，其在结构上也发生了很大变化。据统计，每辆普通汽车上通常有 15～28 台电动机，高级轿车拥有 40～50 台微特电动机，豪华型轿车则配备 70～80 台微特电动机。

汽车零部件用电动机主要位于汽车的发动机、底盘和车身三大部位。表 5-3 中列出了高级轿车三大部位及附件中电动机的类型。

表 5-3　高级轿车用电动机

部　件	电动机类型
发动机	起动用永磁式直流电动机
	发动机散热系统用永磁式直流电动机
	发动机怠速控制器用永磁式直流电动机
	节流阀执行器用永磁式直流电动机
	EF9G 驱动用永磁式直流电动机
	电动燃油泵用永磁式直流电动机
	离合器用永磁式直流电动机

（续）

部　　件	电动机类型
底盘	悬架减振系统用永磁式直流电动机或永磁式步进电动机
	后轮车高调整装置用永磁式直流电动机
	汽车稳定性控制系统用永磁式直流电动机
	防抱死制动控制用永磁式直流电动机
	驱动力控制用永磁式直流电动机
	巡航控制用永磁式直流电动机
	电动转向装置用永磁式直流电动机
附件	吸尘器用永磁式直流电动机
	充气机气泵用永磁式直流电动机
	抛光机用永磁式直流电动机
	电动座椅按摩器用永磁式直流电动机
车身	电动前、后刮水器用永磁式直流电动机
	空调系统用永磁式直流电动机或永磁式步进电动机
	电动玻璃升降器用永磁式直流电动机
	中央闭锁装置用永磁式直流电动机
	电动洗涤器用永磁式直流电动机
	电动天窗开闭用永磁式直流电动机
	电动座椅调整器用永磁式直流电动机
	组合仪表中里程器用永磁式步进电动机
	音响设备用永磁式无刷直流电动机
	空气净化器用永磁式无刷直流电动机
	自动天线升降器用永磁式直流电动机
	安全带用永磁式直流电动机
	警灯装置用永磁式直流电动机
	自动点烟器用永磁式直流电动机
	电动后视镜调整器用永磁式直流电动机
	激光雷达红外防撞系统用永磁式直流电动机
	电动擦窗器用永磁式直流电动机
	CCD相机用步进电动机
	自动门用永磁式直流电动机
	计价器用永磁式直流电动机
	电动门用永磁式直流电动机
	电动面板翻折器用永磁式直流电动机
	自动前照灯用永磁式直流电动机
	超视距探测器用电动机
	电动后窗隐蔽器用永磁式直流电动机
	车用传真机用电动机
	风窗映像显示装置用电动机

二、电动机在发动机中的应用

1. 电动机在起动系统中的应用

汽车发动机的起动需要起动电动机。汽车发动机从静止到进入运动状态，曲轴需要外力的帮助才能转动起来并到达需要的最低转速，汽车发动机才能起动。汽车起动机的作用是起动发动机，起动机上的齿轮工作时和发动机曲轴相连的飞轮咬合，驱动飞轮，带动发动机。传统的汽车起动电动机采用的是电磁式直流串励电动机，随着钕铁硼稀土永磁材料的应用，出现了高性能的稀土磁式直流电动机。它有着结构简单、效率高、起动转矩大、起动平稳等优点。

2. 电动机在电控燃油喷射控制系统中的应用

早期的发动机采用化油器和分电器的形式，有污染严重和燃油经济性差两大缺点。现代汽车发动机电子控制燃油喷射系统（ElectronicFuelInjection，EFI）简称电控燃油喷射系统，它的主要功能是控制汽油喷射、电子点火、怠速、排放、进气增压、发电动机负荷、巡航、警告指示、自我诊断与报警、安全保险等。在供油系统中，电动机和泵设计成一体，即燃油泵为供油系统提供动力。在怠速控制器中，旋转式四相永磁步进电动机用于调整节气阀的位置。

三、电动机在底盘中的应用

1. 电动机在助力转向系统中的应用

汽车电动助力转向系统是一个一直依靠电力提供辅助力矩的动力转向系统，它用电动机提供转向助力，助力的大小由电控单元（ECU）控制。该系统不使用发动机的动力，而是依靠汽车上的蓄电池作为其电源；也不需要复杂的控制执行机构，只需要控制电动机输出转矩的大小和方向，就能实现转向系统的自动控制。汽车电动助力转向系统的结构如图 5-18 所示。

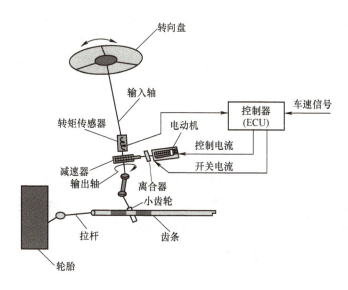

图 5-18　汽车电动助力转向系统

2. 电动机在 ABS 中的应用

汽车防抱死制动系统（ABS）是在制动过程中防止车轮被制动抱死，提高汽车制动的方向稳定性和转向操控能力，缩短制动距离的一种主动安全装置。在常见的 ABS 中，每个车轮上各安装一个转速传感器，将有关各车轮转速的信号输入电子控制装置。电子控制装置根据各车轮转速传感器输入的信号对各个车轮的运动状态进行监测和判定，并形成相应的控制指令。制动压力调节装置主要由调压电磁阀总成、电动泵（永磁式直流电动机）总成和储液器等组成一个独立的整体，通过制动管路与制动主缸和各制动轮缸相连。制动压力调节装置受电子控制装置的控制，对各制动轮缸的制动压力进行调节。

四、电动机在汽车车身零部件中的应用

1. 中央门锁装置

中央门锁控制系统具有钥匙联动锁门和开门功能，当驾驶人用钥匙操作左、右前门锁时，全车车门（包括行李舱门）可以同时锁止或打开。其中，电动机式门锁由可逆式电动机、传动装置及锁体总成构成。其工作原理为：由电动机带动齿轮齿条副或螺杆螺母副进而驱动锁体总成，驱动车门的锁闭或开启，如图 5-19 所示。

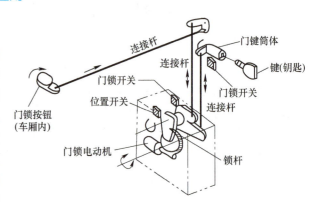

图 5-19　电动机式门锁的结构

2. 电动刮水器

汽车用刮水器可以清扫风窗玻璃上的雨水、雪或尘土，保证在雨天或雪天时，汽车驾驶人有良好的视线，确保行驶安全。目前，在汽车上广泛采用的电动刮水器，普遍具有高速、低速及间歇三个工作档位（有些车还有自动档位），而且除了变速功能之外，还有自动回位的功能。

电动刮水器是由刮水电动机和一套传动机构组成的。如图 5-20 所示，永磁式电动机 11 固装在支架 12 上，连杆 3、7、8 和摆杆 2、4、6 组成杠杆联动机构，摆杆 2、6 上连有刮片架 1、5，刮片架 1、5 的上端连接橡皮刮片。永磁式电动机 11 旋转，带动蜗杆 10、蜗轮 9，使与蜗轮相连的拉杆 3、7、8 和摆杆 2、4、6 带着左、右刮片架 1、5 做往复摆动，橡皮刷便刷去风窗玻璃上的雨水、雪、灰尘。

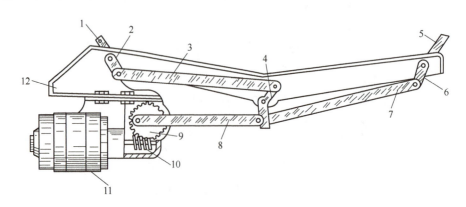

图 5-20　电动刮水器

1、5—刮片架　2、4、6—摆杆　3、7、8—拉杆　9—蜗轮　10—蜗杆　11—永磁式电动机　12—支架

电动刮水器按磁场结构不同又可分为绕线式和永磁式两种，由于永磁式电动刮水器具有体积小、重量轻、结构简单等特点，在汽车上得到了广泛的应用。

实训操作

实训需要的工具及其数量见表5-4。

表 5-4　工具明细

件　号	名　　称	型号及规格	数　　量
1	三相异步电动机		1 台
2	世达拆装专用工具		1 套
3	木槌		1 把
4	拉拔器		1 个
5	万用表		1 个
6	起动机		1 台
7	游标卡尺		1 个
8	00 号砂纸		若干

实训操作一　电动机的拆装

一、电动机常见故障分析

电动机常见故障主要分为机械故障和电气故障两大类。机械故障主要包括轴承、风扇、端盖、转轴、机壳等故障；电气故障主要包括定子绕组、转子绕组和电路故障。

电动机在运行时，不同的原因会产生很相似的故障现象，这给分析、判断和查找故障原因带来了一定难度。为了尽量缩短故障停机时间，迅速修复电动机，对故障原因的判断要快而准。电工在巡视检查时，可以通过自身感官来判断电动机的运行状态是否正常。

（1）看　观察电动机及其所拖动的机械设备的转速是否正常；看控制设备上的电压表、电流表指示数值有无超出规定范围，看控制线路中的指示、信号装置是否正常。

（2）听　必须熟悉电动机起动、轻载、重载的声音特征；学会辨别电动机单相、过载等故障时的声音及转子断条、轴承故障时的特殊声音，可帮助查找故障部位。

（3）摸　电动机过载及发生其他故障时，温升显著增加，造成工作温度上升，用手摸电动机外壳各部位即可判断温升情况。

（4）闻　电动机严重发热或过载时间较长，会引起绝缘受损而散发出特殊气味；轴承发热严重时会挥发出油脂气味。闻到特殊气味时，便可确认电动机有故障。

（5）问　向操作者了解电动机运行时有无异常征兆；故障发生后，向操作者询问故障发生前后电动机及其所拖动机械的症状，这对分析故障原因很有帮助。

二、电动机的拆卸

电动机绕组被烧毁或老化后，电动机就不能再使用了。只有拆除旧绕组更换新绕组后，电动机才能重新使用。下面以小功率三相笼型电动机的拆卸为例，介绍电动机的拆卸方法与步骤。

1. 拆卸前的准备

1）备齐常用电工工具，查阅并记录被拆电动机的型号、外形和主要技术参数。

2）在端盖、轴、螺钉、接线桩等零件上做好标记。

2. 拆卸步骤

电动机的拆卸步骤如图 5-21 所示。

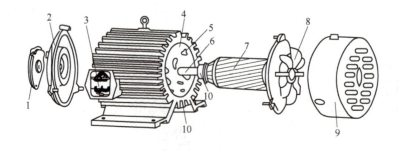

图 5-21　小型电动机的拆装

1—轴承盖　2—端盖　3—接线盒　4—定子铁心　5—定子绕组　6—转轴　7—转轴　8—风扇　9—风罩　10—机座

1）卸下电动机尾部的风罩。
2）拆下电动机尾部的扇叶。
3）拆下前轴承外盖和前、后端盖的紧固螺钉。
4）用木板（或铜板、铅板）垫在转轴前端，用木槌将转子和后盖从机座上敲出，木槌可直接敲打转轴前端。
5）从定子中取出转子。
6）用木棒伸进定子铁心，顶住前端内侧，用木槌将前端盖敲离机座。最后拉下前、后轴承及轴承内盖。
7）拆除定子绕组、清槽、整角。

三、主要部件的拆卸方法

(1) 轴承的拆卸　在转轴上拆卸轴承有三种方法。

1）如图 5-22a 所示，用两块厚铁板在轴承内圈下边夹住转轴，并用能容纳转子的圆筒或支架支住，在转轴上端垫上厚木板或铜板，敲打取下轴承。

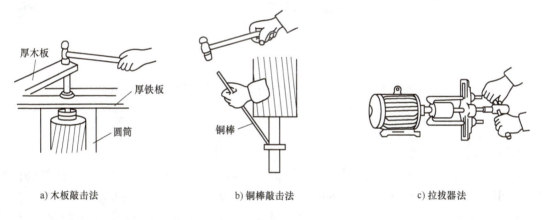

a) 木板敲击法　　　b) 铜棒敲击法　　　c) 拉拔器法

图 5-22　拆卸轴承的简易方法

2）如图 5-22b 所示，用端部呈楔形的铜棒以倾斜方向顶着轴承内圈，然后用锤子敲击。注意：不能用力过猛，以防损坏工具和轴承。

3）如图 5-22c 所示，用拉拔器等专用拆卸工具拆卸轴承。这种方法简单、实用，专用工具的尺寸可随轴承直径任意调节，只要转动手柄，轴承就可被拉出。

(2) 转子的取出　在抽出转子前，应在转子下面气隙和绕组端部垫上厚纸板，以免抽出转子时碰伤绕组或铁心。

(3) 端盖的拆卸　先拆下后轴承外盖，再旋下后端盖的紧固螺钉，最后将前端盖拆下。为了便于校正，在端盖与机座的接缝处要做好标记，两个端盖的记号应有所区别。拆卸时应注意：

1）可用工具（即螺钉旋具）或铲沿缝口四周轻轻撬动，再用铁锤轻轻敲打端盖与机壳的接缝处，但不可用力过猛。

2）对于容量较小的电动机，只需拆下后盖，而前盖将连同风扇与转子一起抽出。

3）拆端盖时，应先拆除负荷侧端盖。

(4) 旧绕组的拆除　旧绕组的拆除是电动机拆装过程中最重要的内容。为了易于修复，保持原来电动机的性能，在拆除的旧线圈过程中，应按下列步骤进行：

1) 详细记录电动机的铭牌数据和绕组数据。

2) 在小型电动机中，一般采用半封口式线槽，拆卸绕组比较困难，大多数情况下必须先将线圈的一端铲断，然后从另一端用钳子把导线拉出来。操作时用力不要太猛，以防把铁心铲坏。注意：拆线过程中应保留一个完整的绕组，以便量取其各部分的数据。

3) 对于双层绕组，先拆除上层导线，再拆除下层导线；对于同心绕组，先拆除外层导线，再拆里层导线。

4) 对于难以取出的线圈，可以用加热法将旧线圈加热到一定温度，再将定子绕组从槽楔中拉出来。常用的加热方法有用电热鼓风恒温干燥箱加热法、通电加热法等。

(5) 清槽与整角　拆除旧的线圈后，定子槽内留有残余的绝缘物和杂质。为保证电动机的性能，必须清理定子槽。在清理过程中，不准用锯条、錾子在槽内乱拉乱划，以免产生毛刺，影响嵌线质量。应轻轻地剥去绝缘物，再用压缩空气吹去槽内的灰尘、杂质。

最后，按照与拆卸相反的顺序装配电动机。

实训操作二　直流电动机的检测

一、分解起动机

拆下电磁开关——取下防尘罩——取出电刷——拆下紧固螺钉——分解电动机。

二、电动机零部件的检测

1. 转子总成的检测

(1) 换向器　检查换向器表面有无烧蚀和失圆。轻微烧蚀时，用 00 号砂纸打磨，严重时应车削。换向器与电枢轴的同轴度误差不应大于 0.03mm，否则应在车床上修整。换向器直径不小于标准值（1.10mm），换向片高出云母片 0.40～0.80mm，如图 5-23 和图 5-24 所示。

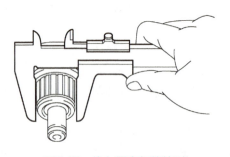

图 5-23　换向器直径的检测

图 5-24　换向片的检测

(2) 电枢

1) 电枢线圈搭铁的检查。用万用表检查时，其表针分别搭在换向器和铁心（或电枢轴）上，阻值应为无穷大，若阻值为零，则为搭铁，如图 5-25 所示。

2) 电枢线圈断路的检查。检查电枢线圈的导线是否甩出或脱焊。用万用表两表针分别依次与相邻换向器接触，其读数应一致，否则说明电枢线圈断路，如图 5-26 所示。

图 5-25 电枢线圈搭铁的检查

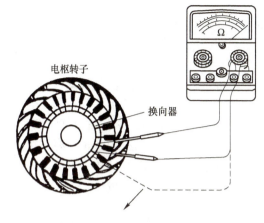

图 5-26 电枢线圈断路的检查

2. 定子绕组的检测

（1）磁场线圈搭铁的检测　用万用表的两表针分别接磁场接柱和外壳，若阻值为无穷大，则正常；若阻值为零，则为搭铁故障，如图 5-27 所示。

（2）用 12V 的蓄电池检查定子绕组短路和断路　蓄电池正极接起动机接线柱，负极接正电刷，将起子放在每个磁极上迅速检查磁极对起子的吸力，磁力应相同。磁极吸力弱的为匝间短路，各磁极均无吸力时则为断路。将万用表置于导通档，检测接线柱与正电刷的导通情况，如不导通，也为断路，如图 5-28 所示。

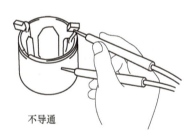

图 5-27 磁场线圈搭铁的检查

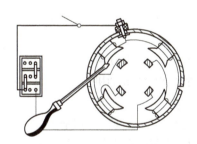

图 5-28 磁场线圈短路和断路的检查

3. 电刷总成的检测

（1）电刷高度的检测　电刷磨损后的高度不应小于原高度的一半，一般不小于 10mm，电刷在架内活动应自如、无卡滞，电刷与换向器的接触面积不低于 80%。

（2）电刷架的检测　用万用表的导通档检测两绝缘电刷架与电刷架座盖，阻值应为无穷大，否则说明绝缘体损坏；用相同方法检测两搭铁电刷架与电刷架座盖，阻值应为零，否则说明电刷架松动，搭铁不良。

三、装复起动机

1）按分解的反顺序装复起动机各零件。装复后用手转动电枢轴，单向接合器齿轮应转动自如，无异常响声。

2）将起动机装到试验台上，进行空载和全自动试验，结果应符合规定。

课后测评

一、填空题

1. 交流电动机是将_____转变为_____的一种机器。
2. 三相异步电动机按转子结构不同,分为_____和_____异步电动机两大类。异步电动机和所有旋转电动机一样,都由两个基本部分组成:_____和_____。
3. 三相笼型异步电动机的定子主要由机座、_____和_____三部分组成。
4. 三相笼型异步电动机的转子主要由_____、_____和转轴三部分组成。
5. 直流串励式电动机主要由_____、_____、机壳、端盖、_____与电刷架等部件组成。
6. 直流串励电动机中转子的作用是_____,它由_____、_____、_____和电枢轴等组成;定子的作用是_____,它由_____和_____等组成。

二、选择题

1. 实际的直流电动机电枢都用多匝(　　)绕成,电枢电流和磁场电流很大。
   A. 串联　　　　　　B. 并联　　　　　　C. 凸形　　　　　　D. Y形联结
2. 检查换向器的绝缘云母片的深度标准值为0.5~0.8mm,使用极限值为(　　)。
   A. 0.2mm　　　　　B. 0.5mm　　　　　C. 0.8mm　　　　　D. 1.0mm
3. 磁场绕组电刷接头与起动机外壳之间的电阻值为(　　),说明绝缘情况良好。
   A. 阻值较小　　　　B. 零　　　　　　　C. 阻值较大　　　　D. 无穷大
4. 每辆普通汽车通常有(　　)。
   A. 15~28台电动机
   B. 40~50台微特电动机
   C. 70~80台微特电动机

三、简答题

1. 简述三相异步电动机的组成。
2. 什么叫旋转磁场?旋转磁场是怎样产生的?
3. 笼型电动机和绕线式电动机各有什么应用特点?
4. 直流串励电动机有哪些主要部件?各部件的作用是什么?
5. 直流电动机电枢绕组里流过的电流是交流还是直流?换向器和电刷在直流电动机中的作用是什么?
6. 汽车零部件用电动机主要位于汽车的哪三大部位中?
7. 列举出6个以上汽车用直流电动机的名称。

项目六

汽车仪表显示不正常的故障检修

学习目标

目标类型	目标要求
知识目标	1. 掌握数字电路的基本概念和特点 2. 掌握逻辑门电路的逻辑功能、逻辑符号和逻辑表达式 3. 掌握 RS 触发器的工作原理 4. 区分 JK、D、T 触发器的逻辑功能
技能目标	1. 能够用示波器测量电路中的信号值，会读波形 2. 能够检修 NE555 电路

项目描述

一辆北京现代悦动轿车的仪表背景灯发暗，调节按钮无法调节。用万用表测量调节按钮自身电位器没有问题，那么，问题可能出在背景灯控制电路上。通过本项目的学习，掌握数字电路、门电路和触发器相关知识，并且能够用示波器进行信号波形的测量。

任务一　数字电路概述

电子线路中的电信号有两大类：模拟信号和数字信号。

1. 概念

模拟信号：在时间上和幅度上都连续变化的信号，如图 6-1a 所示。

数字信号：在时间上和幅度上不连续变化的信号，如图 6-1b 所示。

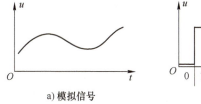
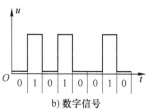

a) 模拟信号　　　b) 数字信号

图 6-1　模拟信号和数字信号

模拟电路：处理模拟信号的电路。
数字电路：处理数字信号的电路。

2. 数字电路的特点

数字电路的输入和输出信号都是数字信号，数字信号是二值量信号，可以用电平的高低来表示，也可以用脉冲的有无来表示，只要能区分出两个相反的状态即可。因此，构成数字电路的基本单元电路结构比较简单，对元件的精度要求不高，允许有一定的误差。这就使得数字电路适宜于集成化，做成各种规模的集成电路。

数字信号用两个相反的状态来表示，只有在环境干扰很强时，才会使数字信号发生变化。因此，数字电路的抗干扰能力很强，工作稳定可靠。

数字电路能对数字信号进行算术运算，还能进行逻辑运算。逻辑运算就是按照人们设计好的规则，进行逻辑推理和逻辑判断。因此，数字电路具有一定的"逻辑思维"能力，可用在工业生产中进行各种智能化控制，以减轻人们的劳动强度，提高产品质量，在各个领域都得到了广泛应用的计算机使用的就是数字电路。

任务二　门电路的认识

各种逻辑门电路是组成数字电路的基本单元。

一、关于逻辑电路的规定

1. 逻辑状态的表示方法

用数字符号 0 和 1 表示相互对立的逻辑状态，称为逻辑 0 和逻辑 1，见表 6-1。

表 6-1　常见的对立逻辑状态示例

一种状态	高电位	有脉冲	闭合	真	上	是	…	1
相反状态	低电位	无脉冲	断开	假	下	非	…	0

2. 高、低电平的规定

用高电平、低电平来描述电位的高低。

高、低电平不是一个固定值，而是一个电平变化范围，如图 6-2a 所示，单位为 V。

在集成逻辑门电路中规定：

标准高电平 V_{SH}——高电平的下限值；

标准低电平 V_{SL}——低电平的上限值。

应用时，高电平应大于或等于 V_{SH}；低电平应小于或等于 V_{SL}。

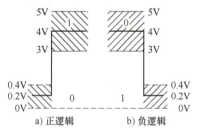

图 6-2　正逻辑和负逻辑

3. 正、负逻辑的规定

正逻辑：用 1 表示高电平，用 0 表示低电平的逻辑体制。

负逻辑：用 1 表示低电平，用 0 表示高电平的逻辑体制。

二、基本逻辑门电路

基本的逻辑关系包括与逻辑、或逻辑和非逻辑，相应地，基本逻辑电路有与门电路、或门电路和非门电路。

1. 与门电路

(1) 与逻辑

1) 与逻辑关系。与逻辑关系如图6-3所示。当决定一件事情的所有条件全部具备时，这件事情才能发生，否则不发生。

2) 与门电路，如图6-4a所示，A、B是输入端，Y是输出端。其逻辑符号如图6-4b所示。

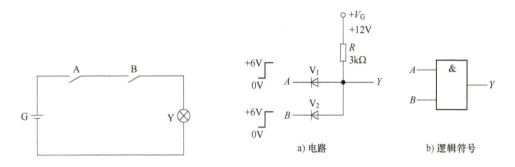

图6-3 用串联开关说明与逻辑关系　　　　　图6-4 与门电路

(2) 工作原理　如图6-4a所示，若输入端A、B中有任一端为低电平（0V），则二极管V_1、V_2必有一个先导通，此时，输出端Y的电位就被箝在了0V。只有当输入端A、B均为高电平时，输出端Y才为高电平。逻辑函数式为

$$Y = A \cdot B$$

或

$$Y = AB \tag{6-1}$$

(3) 真值表　真值表是代表逻辑门电路输入端状态和输出端状态逻辑对应关系的表格，见表6-2。

表6-2 与门真值表

输	入	输	出
A	B		Y
0	0		0
0	1		0
1	0		0
1	1		1

(4) 逻辑功能　如图6-5所示，与门逻辑功能为"有0出0，全1出1"。即

$$Y = ABCD$$

说明：不论有几个输入端，逻辑关系均相同。

2. 或门电路

(1) 或逻辑

1) 或逻辑关系。或逻辑关系如图6-6所示。它是指当决定一件事情的诸条件中只要有一个条件得到满足，这件事情就会发生。

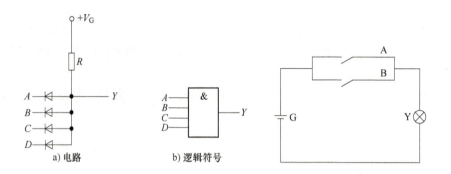

图6-5 四输入端与门   图6-6 用并联开关说明或逻辑关系

2）或门电路。或门电路如图6-7a所示，或门逻辑符号如图6-7b所示。

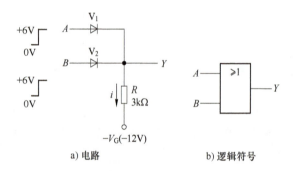

图6-7 或门电路

(2) 工作原理　如图6-7a所示，若输入端 A、B 中有任一端为高电平，则二极管 V_1、V_2 必有一个先导通，此时，输出端 Y 的电位就被箝在了高电平。只有当输入端 A、B 均为低电平时，输出端 Y 才为低电平。其逻辑函数式为

$$Y = A + B \tag{6-2}$$

(3) 真值表　或门逻辑真值表见表6-3。

表6-3 或门逻辑真值表

输	入	输 出
A	B	Y
0	0	0
0	1	1
1	0	1
1	1	1

(4) 逻辑功能　或门的逻辑功能为"全0出0，有1出1"，其逻辑表达式为

$$Y = A + B + C + D$$

说明：不论有几个输入端，逻辑关系是相同的，如图6-8所示。

3. 非门电路

(1) 非逻辑

1）非逻辑关系。非逻辑关系是指事情和条件总是处于相反状态。

2）非门电路。非门电路如图6-9a所示，非门逻辑符号如图6-9b所示。

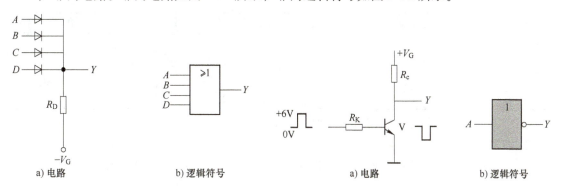

a) 电路　　b) 逻辑符号

图6-8　四输入端或门

a) 电路　　b) 逻辑符号

图6-9　非门电路

(2) 工作原理　当A端输入高电平时，晶体管V导通，输出端$Y=0$；当A端输入低电平时，晶体管V截止，输出端$Y=V_G$。其逻辑函数式为

$$Y=\overline{A} \tag{6-3}$$

(3) 真值表　非门真值表见表6-4。

表6-4　非门真值表

输　入	输　出
A	Y
0	1
1	0

(4) 逻辑功能　非门的逻辑功能是“有0出1，有1出0”。

三、组合逻辑门电路

实用中常把与门、或门和非门组合起来使用，下面介绍几种常见的简单组合门电路。

1. 与非门

(1) 电路组成　在与门后面接一个非门，就构成了与非门，如图6-10a所示。

a) 逻辑图　　b) 逻辑符号

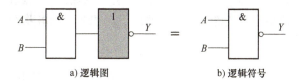

图6-10　与非门

(2) 逻辑符号　在与门输出端加上一个小圆圈，就构成了与非门的逻辑符号，如图6-10b所示。

(3) 逻辑函数式　与非门的逻辑函数式为

$$Y = \overline{A \cdot B} \tag{6-4}$$

(4) 真值表　与非门的真值见表6-5。

表6-5　与非门真值表

A	B	$A \cdot B$	$\overline{A \cdot B}$
0	0	0	1
0	1	0	1
1	0	0	1
1	1	1	0

(5) 逻辑功能　与非门的逻辑功能为"全1出0，有0出1"。

2. 或非门

(1) 电路组成　在或门后面接一个非门就构成了或非门，如图6-11a所示。

(2) 逻辑符号　或非门的逻辑符号如图6-11b所示。

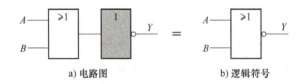

a) 电路图　　　　b) 逻辑符号

图6-11　或非门

(3) 逻辑函数式　或非门的逻辑函数式为

$$Y = \overline{A + B} \tag{6-5}$$

(4) 真值表　或非门的真值见表6-6。

表6-6　或非门真值表

A	B	$A + B$	$Y = \overline{A + B}$
0	0	0	1
0	1	1	0
1	0	1	0
1	1	1	0

(5) 逻辑功能　或非门的逻辑功能为"全0出1，有1出0"。

3. 与或非门

(1) 电路组成　把两个（或两个以上）与门的输出端接到一个或门的输入端，或门的输出端和一个非门的输入端相连，就构成了与或非门。与或非门的电路如图6-12a所示。

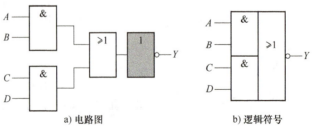

a) 电路图　　　　b) 逻辑符号

图6-12　与或非门

(2) 逻辑符号　与或非门的逻辑符号如图 6-12b 所示。

(3) 逻辑函数式　与或非门的逻辑函数式为

$$Y = \overline{AB + CD} \qquad (6-6)$$

(4) 真值表　与或非门的真值见表 6-7。

表 6-7　与或非门真值表

A	B	C	D	Y
0	0	0	0	1
0	0	0	1	1
0	0	1	0	1
0	0	1	1	0
0	1	0	0	1
0	1	0	1	1
0	1	1	0	1
0	1	1	1	0
1	0	0	0	1
1	0	0	1	1
1	0	1	0	1
1	0	1	1	0
1	1	0	0	0
1	1	0	1	0
1	1	1	0	0
1	1	1	1	0

(5) 逻辑功能　与或非门的逻辑功能为：当输入端中任何一组全为 1 时，输出即为 0；只有各组输入都至少有一个为 0 时，输出才为 1。

4. 异或门

(1) 电路组成　异或门的电路如图 6-13a 所示。

(2) 逻辑符号　异或门的逻辑符号如图 6-13b 所示。

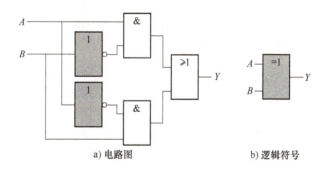

a) 电路图　　　　b) 逻辑符号

图 6-13　异或门

(3) 逻辑函数式　异或门的逻辑函数式为

$$Y = \overline{A}B + A\overline{B} \qquad (6-7)$$

上式通常也写成

$$Y = A \oplus B \qquad (6-8)$$

(4) 真值表　异或门的真值见表6-8。

(5) 逻辑功能　当两个输入端的状态相同时，输出为低电平；反之，当两个输入端状态不同时，输出端为高电平。

(6) 应用　判断两个输入信号是否不同。

表6-8　异或门真值表

A	B	Y
0	0	0
0	1	1
1	0	1
1	1	0

5. 同或门

(1) 电路组成　在异或门的基础上，最后加上一个非门就构成了同或门，如图6-14a所示。

(2) 逻辑符号　同或门的逻辑符号如图6-14b所示。

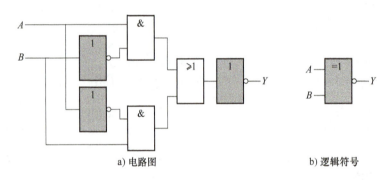

a) 电路图　　　　　　　　　b) 逻辑符号

图6-14　同或门

(3) 逻辑函数式　同或门的逻辑函数式为

$$Y = AB + \overline{A}\,\overline{B} \tag{6-9}$$

同或门的逻辑函数式通常也写成

$$Y = A \odot B \tag{6-10}$$

(4) 真值表　同或门的真值见表6-9。

表6-9　同或门真值表

A	B	Y
0	0	1
0	1	0
1	0	0
1	1	1

(5) 逻辑功能　当两个输入端的状态相同时，输出为高电平；反之，当两个输入端的状态不同时，输出端为低电平。

(6) 应用　判断两个输入信号是否相同。

6. 三态门

(1) 电路图　三态门是在门电路上加一个使能端，其输出状态有高电平、低电平和高阻状态。

(2) 逻辑符号 三态门的逻辑符号如图6-15a所示。其中$\overline{EN}$为使能端，控制输出状态。

(3) 逻辑功能 $\overline{EN}=1$时，三态门呈高阻状态；$\overline{EN}=0$时，门电路恢复反相器常态，即$Y=\overline{A}$。

(4) 用途 实现数据传输的控制，如图6-15b所示。

$\overline{EN}_1=0$，$\overline{EN}_2=1$，$\overline{EN}_3=1$时，Y_2、Y_3呈高阻态，Y_1输送数据A_1到总线。

$\overline{EN}_1=1$，$\overline{EN}_2=0$，$\overline{EN}_3=1$时，Y_1、Y_3呈高阻态，Y_2输送数据A_2到总线。

$\overline{EN}_1=1$，$\overline{EN}_2=1$，$\overline{EN}_3=0$时，Y_1、Y_2呈高阻态，Y_3输送数据A_3到总线。

7. OC门

OC门是输出晶体管集电极开路的TTL"与非门"电路。其逻辑符号如图6-16所示。

OC门的逻辑功能同与非门一样，它可用作为计算机的母线驱动器。

注意：使用时要外接负载电阻。

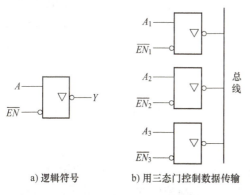

a) 逻辑符号　　b) 用三态门控制数据传输

图6-15 三态门逻辑符号及其应用图

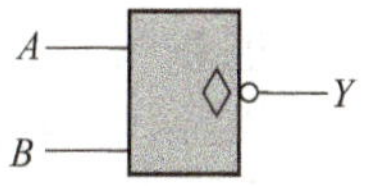

图6-16 OC门逻辑符号

任务三　触发器的认识

一、RS触发器

1. 基本RS触发器

（1）电路结构 把两个与非门G_1、G_2的输入、输出端交叉连接，即可构成基本RS触发器，其逻辑电路如图6-17a所示，为两个与非门组成的RS触发器。它有两个输入端R、S和两个输出端Q、$\overline{Q}$，其逻辑符号如图6-17b所示。

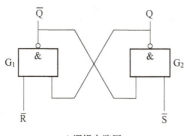
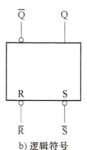

a) 逻辑电路图　　b) 逻辑符号

图6-17 基本RS触发器

(2) 工作原理　基本 RS 触发器的逻辑方程为

$$Q^{n+1} = S + \bar{R}^n \tag{6-11}$$

基本 RS 触发器电路的工作原理如下：

1) 当 R = 1、S = 0 时，$\bar{Q}$ = 0，Q = 1，触发器置 1。
2) 当 R = 0、S = 1 时，$\bar{Q}$ = 1，Q = 0，触发器置 0。

如上所述，当触发器的两个输入端加入不同的逻辑电平时，它的两个输出端 Q 和 $\bar{Q}$ 有两种互补的稳定状态。一般规定，触发器 Q 端的状态为触发器的状态。通常称触发器处于某种状态，实际是指其 Q 端的状态。当 Q = 1、$\bar{Q}$ = 0 时，称触发器处于 1 态；反之，触发器处于 0 态。S = 0，R = 1 时触发器置 1，或称置位。因置位的决定条件是 S = 0，故称 S 端为置 1 端。R = 0、S = 1 时，使触发器置 0，或称复位。

同理，称 R 端为置 0 端或复位端。若触发器原来为 1 态，欲使之变为 0 态，必须令 R 端的电平由 1 变为 0，S 端的电平由 0 变为 1。这里所加的输入信号（低电平）称为触发信号，由它们导致的转换过程称为翻转。由于这里的触发信号是电平，因此这种触发器称为电平控制触发器。从功能方面看，它只能在 S 和 R 的作用下置 0 和置 1，所以又称为置 0 置 1 触发器，或称为置位复位触发器。由于置 0 或置 1 都是触发信号低电平有效，因此，S 端和 R 端都画有小圆圈。

3) 当 R = S = 1 时，触发器状态保持不变。触发器保持状态时，输入端都加非有效电平（高电平），需要触发翻转时，要求在某一输入端加一负脉冲。例如，在 S 端加负脉冲使触发器置 1，该脉冲信号回到高电平后，触发器保持 1 状态不变，相当于把 S 端某一时刻的电平信号存储起来，这说明触发器具有记忆功能。

4) 当 R = S = 0 时，触发器状态不确定。在此条件下，两个与非门的输出端 Q 和 $\bar{Q}$ 全为 1，在两个输入信号同时撤去（回到 1）后，由于两个与非门的延迟时间无法确定，不能确定触发器的状态是 1 还是 0，因此称这种情况为不定状态，这种情况应当避免。从另外一个角度来说，正因为 R 端和 S 端完成置 0、置 1 都是低电平有效，所以二者不能同时为 0。

(3) 真值表　在输入信号作用下，触发器的下一个稳定状态（次态）Q^{n+1} 及其原稳定状态（现态）Q^n 和输入信号状态之间的关系可用表格的形式加以描述。

综上所述，基本 RS 触发器的逻辑状态见表 6-10。

表 6-10　基本 RS 触发器的逻辑状态

$\bar{R}$	$\bar{S}$	Q^{n+1}	逻辑功能
0	1	0	置 0
1	0	1	置 1
1	1	原稳定状态 Q^n	保持
0	0	不定	应禁止

2. 同步 RS 触发器

同步 RS 触发器就是由时钟脉冲控制的 RS 触发器。

前面介绍的基本 RS 触发器的触发翻转过程直接由输入信号控制，而实际应用中，常常要求系统中的各触发器在规定的时刻，按各自输入信号所决定的状态同步触发翻转，这就要求系统有一个控制信号（称为时钟脉冲）来控制各触发器的翻转，至于翻转到什么状态，仍由 R、S 决定，这就是同步 RS 触发器。所谓同步，就是触发器状态的改变与时钟脉冲 CP 同步进行。

（1）电路结构　图 6-18a 所示的逻辑电路图是在基本 RS 触发器的基础上增加 G_3、G_4 两个与非门构成触发引导电路，其输出分别作为基本 RS 触发器的 R 端和 S 端。图 6-18b 所示为同步触发器的逻辑符号。

（2）工作原理　由图 6-18a 可知，G_3 和 G_4 同时受 CP 信号控制。

当 CP 为 0 时，G_3 和 G_4 被封锁，不论 R、S 信号如何变化，G_3、G_4 的输出信号均为 1，G_1、G_2 组成的基本 RS 触发器状态保持不变。

当 CP 为 1 时，G_3 和 G_4 打开，若 $R=0$、$S=1$，则 $Q_3=1$、$Q_4=0$，触发器置 1；若 $R=1$、$S=0$，$Q_3=1$、$Q_4=0$，触发器置 0；若 $R=S=0$，$Q_3=Q_4=1$，触发器状态保持不变；若 $R=S=1$，$Q_3=Q_4=0$，触发器状态不定。可见，R 端和 S 端都是高电平有效，所以 R 端和 S 端不能同时为 1。

（3）功能描述　同步 RS 触发器的逻辑状态见表 6-11。

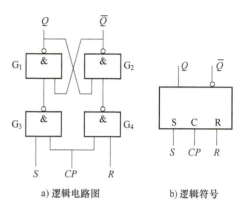

图 6-18　同步 RS 触发器

表 6-11　同步 RS 触发器的逻辑状态

CP	R	S	Q^{n+1}	逻辑功能
0	×	×	原状态 Q^n	保持
1	0	0	原状态 Q^n	保持
1	0	1	1	置 1
1	1	0	0	置 0
1	1	1	不定	应禁止

综上所述，对同步 RS 触发器归纳为以下几点：

1）同步 RS 触发器具有置位、复位和保持（记忆）功能。

2）同步 RS 触发器的触发信号是高电平有效，属于电平触发方式。

3）同步 RS 触发器存在约束条件，即当 $R=S=1$ 时，将导致下一状态的不确定。

4）触发器的触发翻转被控制在一个时间间隔内，在此间隔以外的时间内，其状态保持不变，抗干扰性有所增强。

二、JK 触发器和主从 JK 触发器

1. JK 触发器

JK 触发器的逻辑符号如图 6-19 所示，它有 J、K 两个输入端。

JK 触发器的逻辑规律如下：

$J=K=0$ 时，CP 脉冲作用后（CP 脉冲由 0 到 1，再由 1 到 0），触发器维持原来的状态，$Q^{n+1}=Q^n$。

$J=0$、$K=1$ 时，CP 脉冲作用后，$Q^{n+1}=0$（置 0）。

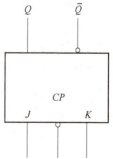

图 6-19　JK 触发器的逻辑符号

$J=1$、$K=0$ 时，CP 脉冲作用后，$Q^{n+1}=1$（置 1）。
$J=K=1$ 时，CP 脉冲作用后，$Q^{n+1}=\overline{Q^n}$（触发器翻转）。
JK 触发器的真值见表 6-12。

表 6-12　JK 触发器的真值

J	K	Q^n	Q^{n+1}
0	0	0	0
0	0	1	1
0	1	0	0
0	1	1	0
1	0	0	1
1	0	1	1
1	1	0	1
1	1	1	0

由表 6-12 可知，JK 触发器无论输入信号如何，输出都具有确定的状态，即输入可以任意，输出状态总是肯定的，没有不定状态，且具有置 0 和置 1 功能。

2. 主从 JK 触发器

主从 JK 触发器是一种功能较齐全，应用广泛的触发器。它由两个同步 RS 触发器组成，前一级称为主触发器，后一级称为从触发器，输入端用 J、K 表示，故称为主从 JK 触发器，如图 6-20 所示。

在图 6-20a 所示逻辑电路图中，$\overline{S}_D$ 和 $\overline{R}_D$ 分别是直接置位端和直接复位端。当 $\overline{S}_D=0$ 时，触发器被置位为 1 状态；当 $\overline{R}_D=0$ 时，触发器被复位为 0 状态。它们不受时钟脉冲 CP 的控制，所以，有异步输入端之称，主要用于触发器工作前或工作过程中的强制置位和复位，不用时让它们处于 1 状态（高电平或悬空）。

当 CP 由 0 跳变到 1 时，主触发器的状态由输入信号 J、K 和从触发器的输出决定，但此时 $\overline{CP}=0$，从触发器被封锁而保持原有的状态不变，这样主从 JK 触发器的状态不变。

当 CP 由 1 跳变到 0 时，主触发器被封锁，其状态不变，但此时 $\overline{CP}=1$，从触发器被打开，其输出状态受主触发器状态控制，即将主触发器中保存的状态传送到从触发器中去。可见，主从 JK 触发器在 $CP=1$ 时，接收输入信号，在 CP 下降沿输出相应的状态。主从 JK 触发器的逻辑状态见表 6-13。

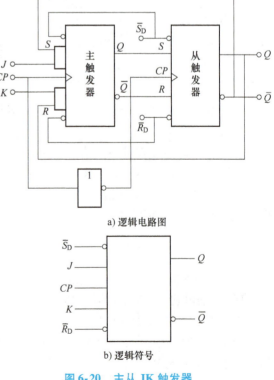

a) 逻辑电路图

b) 逻辑符号

图 6-20　主从 JK 触发器

表 6-13 主从 JK 触发器的逻辑状态

CP	J	K	Q^n	Q^{n+1}	逻辑功能
↓	0	0	0	0	保持
↓	0	0	1	1	
↓	0	1	0	0	置0
↓	0	1	1	0	
↓	1	0	0	1	置1
↓	1	0	1	1	
↓	1	1	0	1	翻转
↓	1	1	1	0	

三、D 触发器

D 触发器的逻辑符号如图 6-21b 所示,它只有一个输入端 D,从图 6-21a 可以得出其逻辑功能为:

$D=0$ 时,CP 脉冲到来后,$Q^{n+1}=0$;

$D=1$ 时,CP 脉冲到来后,$Q^{n+1}=1$。

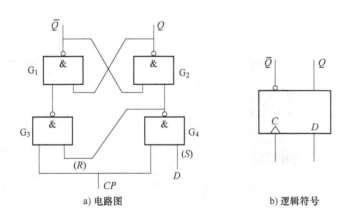

a) 电路图   b) 逻辑符号

图 6-21 D 触发器

由于 D 触发器的输出状态,总是与 CP 脉冲到来之前,输入端 D 的状态相同,因此,D 触发器也叫做延迟触发器。D 触发器的真值见表 6-14。

表 6-14 D 触发器的真值

Q^n	D	Q^{n+1}
0	0	0
0	1	1
1	0	0
1	1	1

四、T 触发器

T 触发器的逻辑符号如图 6-22 所示，它也只具有一个输出端，其逻辑功能是：

1) 当 $T=1$ 时，每来一个 CP 脉冲，就翻转一次，即 $Q^{n+1}=\overline{Q}$。

2) 当 $T=0$ 时，CP 脉冲到来后，触发器保持原来的状态，即 $Q^{n+1}=Q^n$。

T 触发器的真值见表 6-15。

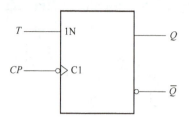

图 6-22　T 触发器的逻辑符号

表 6-15　T 触发器的真值

Q^n	T	Q^{n+1}
0	0	0
0	1	1
1	0	1
1	1	0

实训操作

实训需要的工具及其数量见表 6-16。

表 6-16　工具明细

件号	名　称	型号及规格	数　　量
1	数字万用表		1 部
2	示波器		1 台
3	NE555		若干

实训操作一　示波器的使用

1. 示波器的基本功能与种类

（1）示波器基本功能　示波器的基本功能是将电信号转换为可以观察的视觉图形，以便人们观测。利用传感器将各种物理参数转换为电信号后，可利用示波器观测各种物理参数的数量和变化。

（2）示波器的种类　示波器可分为模拟示波器和数字示波器两大类。模拟示波器以连续方式将被测信号显示出来。数字示波器首先对被测信号进行抽样和量化，变为二进制信号存储起来，再从存储器中取出信号的离散值，通过一定的算法将离散的被测信号以连续的形式在屏幕上显示出来。本实训以数字示波器为例讲解一下示波器的使用方法。

2. 示波器的面板介绍

下面以 DS5022 型数字示波器为例进行介绍。

（1）面板介绍（图 6-23）

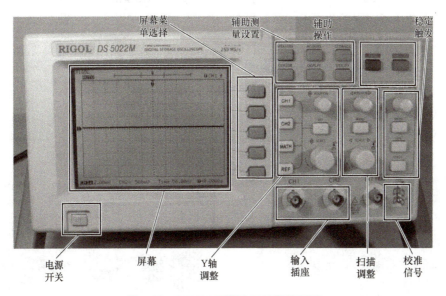

图 6-23　DS5022 型数字示波器的面板

1）电源开关：控制示波器电源的通断。
2）屏幕：用于显示被测信号的波形、测量刻度，以及操作菜单。
3）Y 轴调整：用于选择被测信号，控制现实的被测信号在 Y 轴方向的大小或移动。
4）输入插座：用于连接输入电缆，以便输入被测信号，共有两路，即 CH1 和 CH2。
5）扫描调整：用于控制显示的波形在水平轴方向的变化。
6）校准信号：提供 1kHz 3V 的基准信号，用于示波器的自检。
7）稳定触发：用于控制所显示被测信号的稳定性。
8）辅助操作：提供"自动调整"和"显示静止"两种选择。
9）辅助测量设置：提供显示方式、测量方式、光标方式、采样频率、应用方式等选择。
10）屏幕菜单选择：用于选择屏幕上的菜单键。

（2）屏幕刻度和标注信息

DS5022 型数字示波器的屏幕刻度和标注信息如图 6-24 所示。

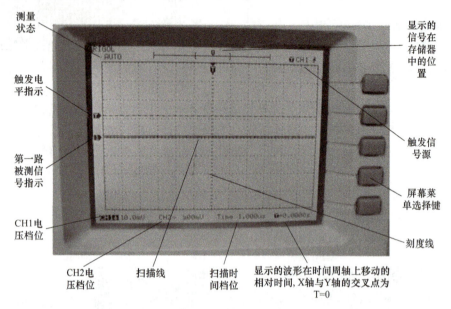

图 6-24　DS5022 型数字示波器的屏幕刻度和标注信息

3. 基本操作方法

（1）垂直通道调整

1）示波器探头（图 6-25）。探头是示波器用来测量信号时用的，其结构如图 6-26 所示。

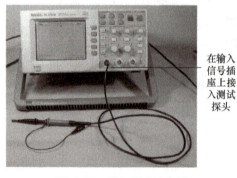

图 6-25　插入探头的位置

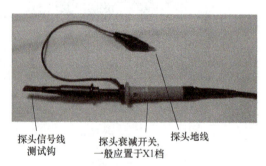

图 6-26　探头的结构

2）Y 通道选择（图 6-27）。Y 通道选择是示波器现实控制被测信号在 Y 轴方向的选择，有 CH1、CH2 两个 Y 轴通道，如图 6-28 所示。

3）输入耦合方式的选择，如图 6-29 所示。

4）Y 轴位移调整，如图 6-30 所示。

5）电压测量读数，如图 6-31 所示。

（2）扫描调整

1）时间档位调整，步骤如图 6-32～图 6-35 所示。

2）时间参数测量，如图 6-36 所示。

项目六 汽车仪表显示不正常的故障检修

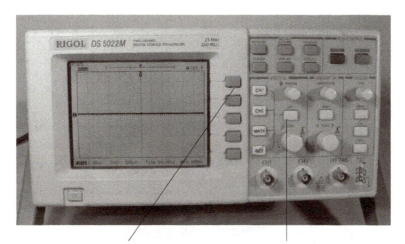

按CH1键可取得CH1的控制权,随后,位移旋钮和电压档开关只对CH1信号有效,而对CH2信号无效。

若要在屏幕上关闭CH1信号,则应先按以下CH1键,再按OFF键

图 6-27　CH1 通道的选择

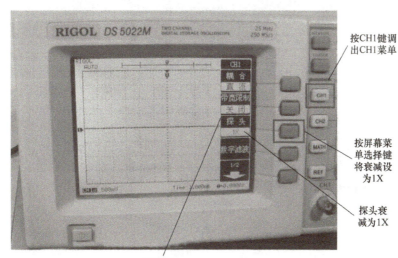

按CH1键调出CH1菜单

按屏幕菜单选择键将衰减设为1X

探头衰减为1X

屏幕菜单

图 6-28　CH1 通道的设置

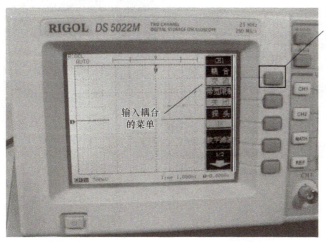

按此键选择输入耦合方式,共有3种:接地、交流和直流

输入耦合的菜单

图 6-29　输入耦合方式的选择

149

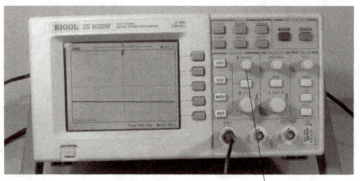

图 6-30　Y轴位移调整

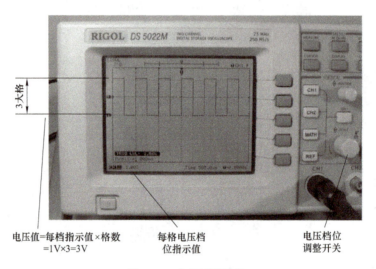

图 6-31　电压测量读数

图 6-32　时间档位扫描菜单

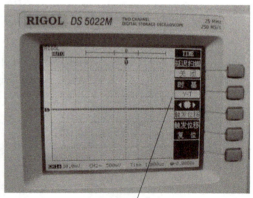

图 6-33　时间档位调整设置

图 6-34 时间档位调整开关

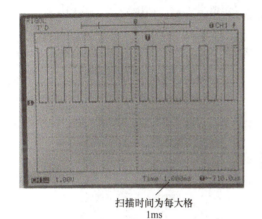

扫描时间为每大格1ms　　　　　　　扫描时间为每大格200μs

图 6-35 扫描时间读数

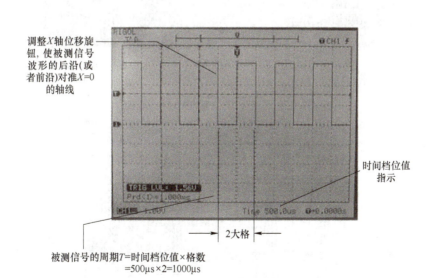

调整X轴位移旋钮，使被测信号波形的后沿（或者前沿）对准X=0的轴线

时间档位值指示

2大格

被测信号的周期T=时间档位值×格数
=500μs×2=1000μs

图 6-36 时间参数测量

（3）稳定触发调整

1）示波器触发调节的作用。当触发调节不当时，显示的波形将出现不稳定现象。所谓波形不稳定，是指波形左右移动不能停止在屏幕上，或者多个波形交织在一起，无法清楚地显示波形。触发调节是示波器操作的难点和易错点，触发部分调节的关键是正确选择触发源信号。触发调节

的比较如图 6-37 所示。

2）触发源的选择。单路测试时，触发源必须与被测信号所在通道一致，例如，Y 通道 CH1 测试时触发源必须选 CH1，否则波形将不稳定。

两个同频信号双路测试时，应选信号强的一路作为触发信号源；两个有整倍数频率关系的信号，应选频率低的一路作为触发信号源；两路没有整倍数频率关系的信号，无法同时稳定显示，除非用存储方式。触发源选择菜单的设置如图 6-38a 所示，触发电平的设置如图 6-38b 所示。

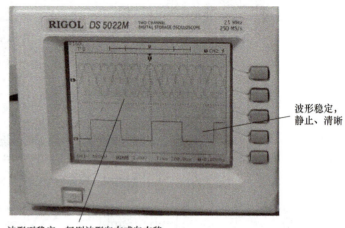

图 6-37 触发调节的比较图

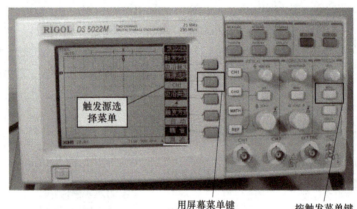

a) 触发源选择菜单的设置

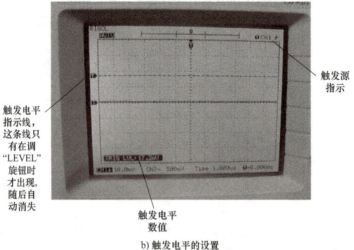

b) 触发电平的设置

图 6-38 触发源选择的设置

3）触发电平的调整如图 6-39 所示。

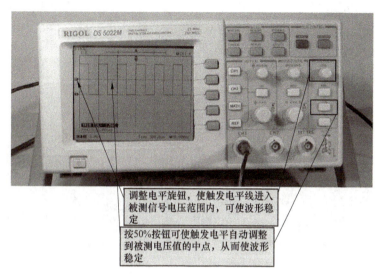

调整电平旋钮，使触发电平线进入被测信号电压范围内，可使波形稳定

按50%按钮可使触发电平自动调整到被测电压值的中点，从而使波形稳定

图 6-39　触发电平的调整

（4）校准信号的使用

1）校准信号的作用。示波器提供一个频率为 1kHz，电压为 3V 的校准信号，其作用如下：

① 检查示波器自身的测量是否准确。

② 检查输入探头是否完好。

③ 当使用比较法测量其他信号时，提供一个标准作为参考信号。

2）校准信号的使用如图 6-40～图 6-42 所示。

示波器是电子测量中必备的仪表，电子技术行业中的每一名从业者都必须熟练掌握其原理和使用方法。①每调节一个开关或旋钮都有明确的目的；②调节顺序正确，没有无效动作；③操作快速。

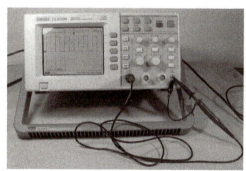

图 6-40　校准信号接入示意图

校准信号输出端

校正信号地线

图 6-41　校准信号接入方法局部放大示意图

对初学者而言，示波器的使用有两个难点：①Y 轴输入耦合开关的正确选择；②触发源的正确选择。

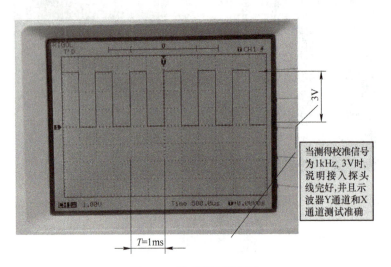

图 6-42　校准信号的测量

实训操作二　汽车仪表电路的测量

一辆北京现代悦动轿车的仪表背景灯发暗，调节按钮无法调节。用万用表测量调节按钮自身电位器没有问题，那么，问题可能出现在背景灯控制电路上。

1. 汽车仪表背景灯的调节控制电路

图 6-43 所示为由 NE555 构成的占空比可调的方波产生器电路。下面主要以 NE555 为例进行说明。

2. NE555 定时器的认识

NE555 定时器成本低，性能可靠，只需要外接几个电阻器、电容器，就可以实现多谐振荡器、单稳态触发器及施密特触发器等脉冲产生与变换电路。它也常作为定时器被广泛应用于仪器仪表、家用电器、电子测量及自动控制等方面。图 6-44 所示为 NE555 的实物图，图 6-45 所示为 NE555 的管脚图。

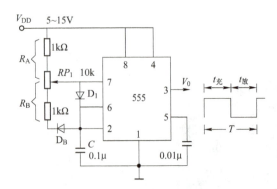

图 6-43　NE555 构成的占空比可调的方波产生器电路

图 6-44　NE555 的实物图

(1) NE555 的管脚认识

1 脚：外接电源负极或接地（GND）。

2 脚：TR 触发输入。

3 脚：输出端（OUT 或 Vo）。

4 脚：RD 复位端，移步清零且低电平有效，当接低电平时，不管 TR、TH 输入什么，电路总是输出"0"。要想使电路正常工作，则 4 脚应与电源相连。

5 脚：控制电压端 CO（或 VC）。若此端外接电压，则可改变内部两个比较器的基准电压；当该端不用时，应将该端串入一只 $0.01\mu F$ 的电容接地，以防引入干扰。

图 6-45　NE555 的管脚图

6 脚：TH 高触发端（阈值输入）。

7 脚：放电端。

8 脚：外接电源 V_{CC}（VDD）。

(2) NE555 的内部电路　图 6-46 所示为 NE555 的内部电路，含有两个电压比较器，一个分压器，一个 RS 触发器，一个放电晶体管和一个功率输出级。

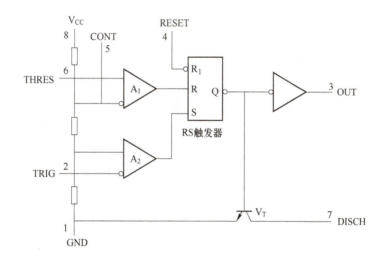

图 6-46　NE555 内部电路图

3. NE555 电路的测量

用示波器测量 NE555 的 3 脚输出端，调节 RP1 观察输出信号的占空比是否发生变化。

测量结果如图 6-47 所示，输出只有高电平，没有低电平，说明 NE555 电路出现问题，有可能是触发器出现了问题，更换 NE555 芯片即可。

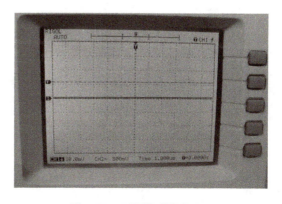

图 6-47　示波器测量波形

课后测评

一、填空题

1. 用数字符号 0 和 1 表示相互对立的逻辑状态，称为逻辑_____和逻辑_____。
2. 示波器可分为两大类：_____示波器和_____示波器。
3. 与门逻辑功能为："_____，_____"。
4. 最基本的门电路是_____、_____和_____。

二、选择题

1. 离散的、不连续的信号称为（　　）。
   A. 模拟信号　　　　B. 数字信号
2. 组合逻辑电路通常由（　　）组合而成。
   A. 门电路　　　　B. 触发器　　　　C. 计数器
3. 下式中与非门表达式为（　　），或门表达式为（　　）。
   A. $Y = A + B$　　B. $Y = AB$　　C. $Y = \overline{A + B}$　　D. $Y = \overline{AB}$

三、判断题

1. 数字电路中用"1"和"0"分别表示两种状态，二者无大小之分。（　　）
2. 当决定事件发生的所有条件中的任意一个（或几个）条件成立时，这件事件就会发生，这种因果关系称为与运算。（　　）
3. 对于 JK 触发器，当 $J = K = 1$ 时，输出翻转。（　　）
4. RS 触发器、JK 触发器均具有状态翻转功能。（　　）
5. 触发器的特性方程为 $Q^{n+1} = D$，与 Q^n 无关，所以它没有记忆功能。（　　）

四、简答题

简述数字电路和模拟电路的区别。

项目七

汽车整车电路分析

学习目标

目标类型	目标要求
知识目标	1. 掌握汽车电路的基础器件 2. 掌握全车电路识图的一般方法
技能目标	1. 能够对汽车电路进行分析 2. 能够分析汽车各系统的工作原理与线路电流走向 3. 能够主动获取信息，展示学习成果，对工作过程进行总结与反思，与他人进行有效沟通，团结协作 4. 能够运用所学知识，为顾客解析线路故障发生的现象及产生的原因

项目描述

在北京现代4S店，打开一辆悦动轿车的车门时门控灯和中央乘客室照明灯未亮，需要给予检修。通过完成此任务，掌握汽车电路的基础器件、全车电路的读识方法，并能够分析电路故障，进行检修。

任务一 汽车电路的基础器件

一、导线与线束

1. 导线

汽车电路中的导线有低压导线和高压导线两种。低压导线中又有普通导线、屏蔽线、起动电缆和蓄电池搭铁电缆之分；高压导线又有铜芯线和阻尼线之分。

（1）低压导线

1）普通低压导线。普通低压导线为铜质多丝软线，导线的截面积主要根据用电设备的工作电流进行选择。但是对功率很小的电器，仅根据工作电流的大小来选择导线，其截面积将太小，机械强度差，易折断。因此，规定汽车电路中所用导线的截面积不得小于0.5mm²。

电路图中导线的表示方法：在汽车电气设备的电路图中，导线上一般都标注有符号，该符号用来表示导线的截面积和颜色。

2）屏蔽线。屏蔽线也称同轴射频电缆，在外层绝缘层中带有金属纺织网管或很多股导线装在一层编织金属网内，再在网管外套装一层护套，称为屏蔽网。

屏蔽线的作用是将导线与外界的磁场隔离，避免导线受外界磁场影响而产生干扰，尤其在防止汽油发动机高压点火干扰方面非常有效。屏蔽线常用于低压微弱信号线路。

3）起动电缆。起动电缆用来连接蓄电池与起动机开关的主接线，其截面积有 $25mm^2$、$35mm^2$、$50mm^2$、$70mm^2$ 等多种规格，允许电流达 500～1000A。为了保证起动机正常工作，并输出足够的功率，要求线路中每 100A 电流的电压降不得超过 0.1～0.15V。

4）蓄电池的搭铁电缆。蓄电池的搭铁电缆是由铜丝编织而成的扁形软铜线，国产汽车常用的搭铁线长度有 300mm、450mm、600mm、760mm 四种。

（2）高压导线　高压导线用来传送高电压，由于工作电压很高（一般在 15kV 以上），电流强度较小，因此高压导线的绝缘包层很厚，耐压性能好，但线芯截面积很小。国产汽车用高压导线有铜芯线和阻尼线两种，为了衰减火花塞产生的电磁波干扰，目前已广泛使用了高压阻尼点火线。

2. 线束

汽车用低压导线除蓄电池导线外，都用绝缘材料（如薄聚氯乙烯带）缠绕包扎成束，以避免水、油的侵蚀及磨损。在线束布线过程中不许拉得太紧，线束穿过洞口或绕过锐角处都应有套管保护。线束位置确定后，应用卡簧或绊钉固定，以免松动损坏。

二、导线插头与插接器

汽车电缆通过导线插头与部件相连，线缆之间用连接器连接在一起。

1. 导线插头

汽车上经常使用快速插头或卢卡（Lucar）型插头（即插塞插头），偶尔也使用眼孔式和叉形插头，如图 7-1 所示。

安装导线插头时应使用合适的夹钳，使插头和铜芯连接良好，并夹固在护套上，以防松动脱落。

2. 插接器

插接器又叫连接器，是汽车电路中简单但不可缺少的元件。目前常用的插接器使用方便、连接可靠，尤其适用于大量线束的连接。插接器的种类很多，可供几条到数十条导线使用，有长方体、多边体等不同形状。图 7-2 所示为几种插接器的形式。插接器由插座和插头、导线插头和塑料外壳组成。壳上有几个或多个孔位，用以放置导线插头，导线插头上带有倒刺，其嵌入塑料壳后将自动锁止，塑料壳上也有锁止结构，当插头和插座接合后自动锁止，防止脱开。

为防止插接器在汽车行驶过程中脱开，均采用闭锁装置，插头和插座接合后自动锁止，

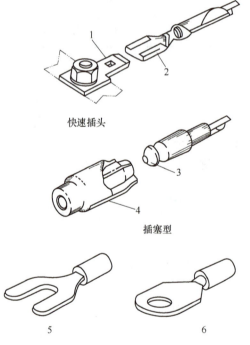

图 7-1　导线插头
1—固定在设备上的插入式插头　2—压接导线的凹入式插头
3—线缆焊接在插头上　4—橡胶绝缘套
5—叉形插接片　6—孔眼式插接片

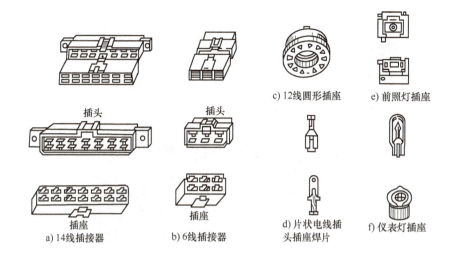

图 7-2 插接器的形式

防止脱开,如图 7-3 所示。

插接器在接合时,应把插接器的导向槽重叠在一起,使插头和插座对准,然后平行插入即可十分牢固地连接在一起。插接器的导向槽,是指插接器在连接时,为了使其接合正确而设置的凸凹导轨。当要拆开插接器时,压下闭锁,就可以把插接器拉开。不压下闭锁时绝不可以用力猛拉导线,否则会拉坏闭锁或连接导线。插接器的拆卸与连接如图 7-4 ~ 图 7-6 所示。

3. 开关

汽车上所有用电设备的接通和停止都必须通过开关控制。对开关的要求是坚固耐用、安全可靠、操作方便、性能稳定。

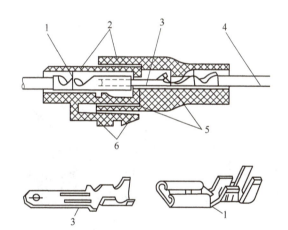

图 7-3 插接器的结构
1—插座 2—护套 3—插头 4—导线 5—倒刺 6—锁止机构

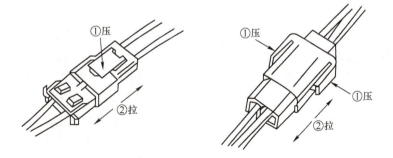

图 7-4 插接器的拆卸方法

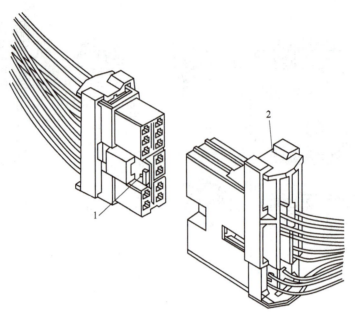

图 7-5 线缆插接器的拆卸方法
1—锁紧插接器的锁栓 2—拔下定位杆把线缆固紧

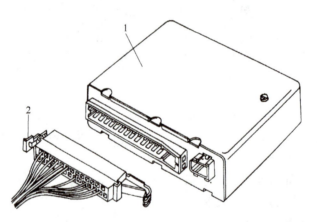

图 7-6 插接器与控制单元的连接与拆卸
1—电子控制单元 2—插销把插接器锁紧在控制元件上

(1) **点火开关** 电路图中的 ACC 接收录机等附属电路，IG_1 接点火继电器和调节器的正极线柱，IG_2 接点火线圈的正接线柱，ST 接起动继电器，如图 7-7 所示。

(2) **照明开关** 照明开关装在仪表板上，用来控制前照灯、雾灯、小灯和危险警告灯开关等。图 7-8 所示为常用的推拉式照明开关，其上有 5 个接线柱，并装有双金属电路断路器。

照明总开关有 3 个档位："0""Ⅰ""Ⅱ"。在"0"档时，各灯电路均未接通，因而各灯均不亮；拉至"Ⅰ"档时，小灯、顶灯和仪表照明灯亮；全拉出至"Ⅱ"档时，小灯熄灭，前照灯亮。制动信号灯接到接线柱 5 上，不受开关的控制，只要踩下制动踏板，制动信号灯立即发亮。双金属电路断电器的作用是在电路中发生过载、短路或搭铁的故障时切断电路，从而保证不会损坏电源、灯泡和线路。

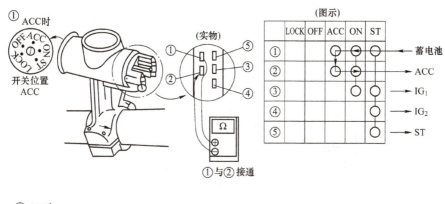

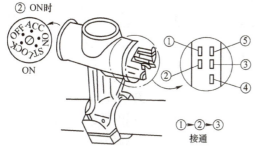

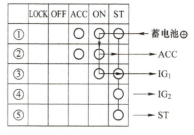

图 7-7 点火开关的结构和接线

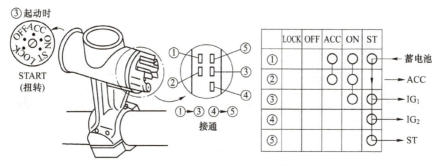

图 7-8 常用的推拉式照明开关

1—接前照灯 2—接前照灯变光开关 3—接尾灯、仪表照明灯和顶灯开关 4—接电源 5—接制动信号灯

4. 保险装置

当电路中流过超过规定值的过大电流时，汽车电路保险装置能够切断电路，从而防止烧坏电路连接导线和用电设备，并把故障限制在最小范围内。汽车保险装置通常装在保险装置

盒内，如图7-9所示。为了便于维修，盒盖上标有sd记号。汽车上的保险装置主要有易熔线、熔断器和断路器。

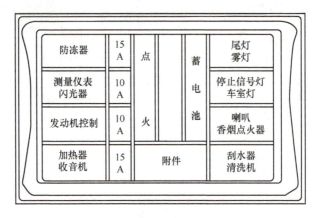

图7-9 保险装置盒

（1）易熔线　易熔线是一种截面积一定，能长时间通过较大电流的合金导线，主要用于保护电源电路和大电流电路。易熔线的外形及连接方式如图7-10所示。在使用过程中，不允许换用比规定容量大的易熔线；若易熔线熔断，可能是主要电路发生短路，需要仔细检查，彻底排除隐患；不能将易熔线和其他导线绞合在一起使用。

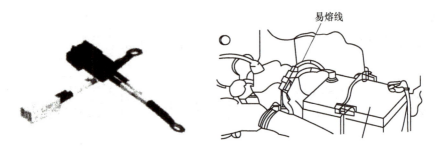

图7-10 易熔线的外形及连接方式

（2）熔断器　熔断器是最简便但有效的短路保护电器。熔断器中的熔片或熔丝用电阻率较高的易熔合金制成，如铅锡合金等；或用截面积很小的良导体制成，如铜、银等。在电路正常工作情况下，熔断器不应熔断。一旦发生短路或严重过载时，熔断器应立即熔断。汽车上常见的熔断器按外形可分为熔片式、熔管式、绝缘子式、缠丝式、插片式等。图7-11所示为常见熔断器。

（3）断路器　断路器起保护作用的主要元件是双金属片和触点，有自恢复式和按压恢复式两种。图7-12所示为常见断路器。

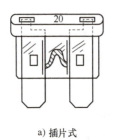
a) 插片式

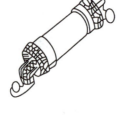
b) 熔管式

图7-11 常见熔断器　　　　图7-12 常见断路器

5. 继电器

继电器是自动控制电路中常用的一种元件，（图7-13），它是一种传递信号的电器，用来接通和分断控制电路，是可用较小的电流来控制较大电流的一种自动开关。继电器的输入信号可以是电压、电流等电量，也可以是热、速度、油压等非电量，而输出都是触点动作，使输出量发生预定的变化。继电器的电磁系统和触头都较小，因此它的动作迅速，反应灵敏。在工业控制中使用的中间继电器、热继电器等体积较大，线圈通过的电流或承受的电压较大，触点允许通过的电流较大。汽车电气系统中使用的继电器体积较小，触点控制的电流也较小。继电器主要有中间继电器、热继电器和干簧式继电器等。

6. 中央接线盒

汽车上装有各种继电器和熔断器，为便于装配和在使用中排除故障，现代汽车往往将各种控制继电器与熔断器安装在一起，成为一个中央接线盒（图7-14）。它的正面装有继电器和熔断器插头，背面是插座，用来与线束的插头相连。

图7-13 继电器　　　　　　　　　图7-14 中央接线盒

任务二　汽车电路图的读识

汽车电路图是用各种符号和线条构成的图形，表示了电路中各组成元件的安装位置、连接器的形式及接线情况、电线的颜色、接线盒和继电器盒中继电器及熔断器的位置，以及线束在汽车上的布置。

一、汽车电路图的种类

汽车电路图的种类繁多，车型不同，电路图也存在一定差别。但总结起来，汽车电路图主要有布线图、电路原理图和线束图等。

1. 布线图

布线图是识按照汽车电器在车身上的大体位置进行布线的，如图7-15所示。布线图是由厂家提供，反映全车电气信息的电路图。

布线图的优点是全车电器（即电气设备）的数量明显且准确，电线的走向清楚，有始有终，便于循线跟踪，查找起来比较方便。其缺点是图上电线纵横交错，印制版面小不易分辨，版面过大则印装受限制；读图、画图费时费力，不易抓住电路重点、难点；不易表达电路内部结构与工作原理。

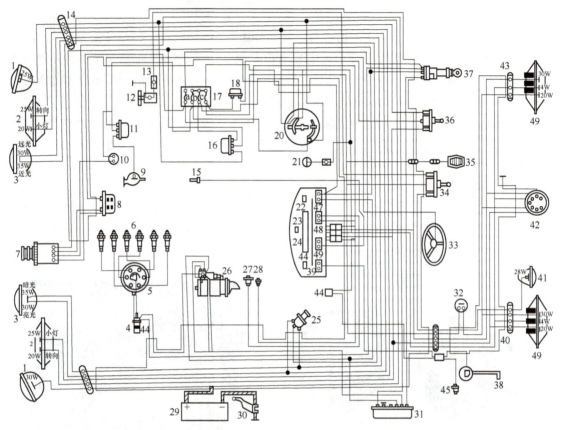

图 7-15 东风 EQ1090 型汽车的布线图

2. 电路原理图

(1) **整车电路原理图** 为了生产与教学的方便,常常需要尽快找到某条电路的始末,以便确定故障分析的路线。在分析故障原因时,不能孤立地仅局限于某一部分,而要将这一部分电路在整车电路中的位置及其与相关电路的联系都表达出来。整车电路图的优点在于:

1) 对全车电路有完整的概念,它既是一幅完整的全车电路图,又是一幅互相联系的局部电路图,重点、难点突出,繁简适当。

2) 在此图上建立起电位高、低的概念。其负极 "-" 接地(俗称搭铁),电位最低,可用图中最下面的一条线表示;正极 "+" 电位最高,用最上面的那条线表示。电流的方向基本都是由上而下,路径是:电源正极 "+" →开关→用电器→搭铁→电源负极 "-"。

3) 大大减少了电线的曲折与交叉,布局合理,图面简洁、清晰;图形符号考虑到元器件的外形与内部结构,便于读者联想、分析,易读、易画。

4) 各局部电路(或称子系统)相互并联且关系清楚,发电机与蓄电池间、各个子系统之间的连接点尽量保持原位,熔断器、开关及仪表等的接法基本上与原图吻合。

(2) **局部电路原理图** 为了弄清汽车电器的内部结构,以及各个部件之间相互连接的关系,弄懂某个局部电路的工作原理,常从整车电路图中抽出某个需要研究的局部电路,参照其他翔实的资料,必要时根据实地测绘、检查和试验记录,将重点部位进行放大、绘制并加以说明。这种电路图的用电器少、幅面小,看起来简单明了,易读易绘;其缺点是只能了解电路的局部。图 7-16 所示为典型汽车部分电路原理图。

项目七 汽车整车电路分析

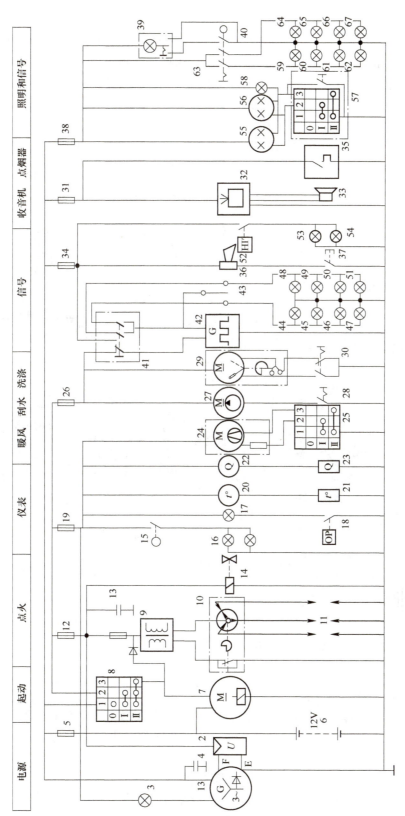

图 7-16 典型汽车部分电路原理图

3. 线束图

整车电路线束图常用于汽车厂总装线和修理厂的连接、检修与配线。线束图主要表明电线束各用电器的连接部位、接线柱的标记、线头、插接器（连接器）的形状及位置等，它是人们在汽车上能够实际接触到的汽车电路图。这种图一般不去详细描绘线束内部的电线走向，只对露在线束外面的线头与插接器进行详细编号或用字母标记。它是一种突出装配记号的电路表现形式，非常便于安装、配线、检测与维修。如果再用序号、颜色将此图各线端都准确无误地标注出来，并与电路原理图和布线图结合起来使用，则会起到更大的作用且能收到更好的效果。图 7-17 所示为东风 EQ1090 汽车线束分布图。

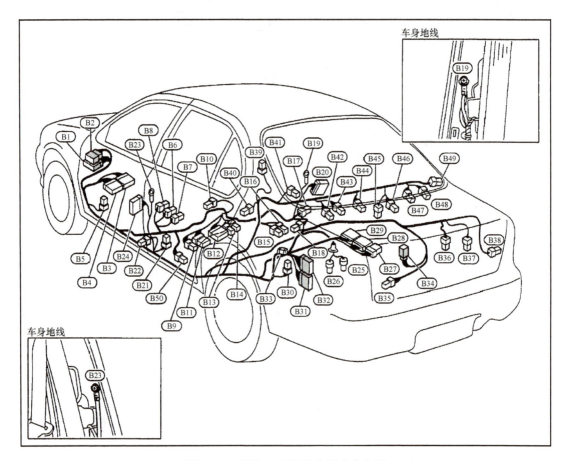

图 7-17　东风 EQ1090 汽车线束分布图

二、一般汽车电路的接线规律

汽车电路一般采用单线制，用电设备并联、负极搭铁、线路由颜色和编号加以区分，并以点火开关为中心将全车电路分成几条主干线，即蓄电池火线（30 号线）、附件火线（A_{cc} 线）、钥匙开关火线（15 号线）。

(1) **蓄电池火线（B 线或 30 号线）**　从蓄电池正极引出直通熔断器盒，也有汽车的蓄电池火线接到起动机火线接线柱上，再从那里引出较细的火线。

(2) **点火仪表指示灯线（IG 线或 15 号线）**　点火开关在 ON（工作）和 ST（起动）档才有电的电线，必须有汽车钥匙才能接通点火系统、预充磁、仪表系统、指示灯、信号系统、电子控制系等重要电路。

（3）专用线（A_{cc}线或15A线）　用于发动机不工作时需要接入的电器，如收放机、点烟器等。点火开关单独设置一档予以供电，但发动机运行时收音机等仍需接入与点火仪表指示灯等同时工作，所以点火开关触刀与触点的接触结构要作特殊设计。

（4）起动控制线（ST线或50号线）　起动机主电路的控制开关（触盘）常用磁力开关来通断。磁力开关的吸引线圈、保持线圈可以由点火开关的起动档控制。大功率起动机的吸引、保持线圈电流也很大（可达40～80A），容易烧蚀点火开关的"30-50"触点对，必须另设起动机继电器（如东风、解放及三菱重型车）。对于装有自动变速器的轿车，为了保证空档起动，常在50号线上串有空档开关。

（5）搭铁线（接地线或31号线）　汽车电路中，以元件和机体（车架）金属部分作为一根公共导线的接线方法称为单线制，将机体与电器相接的部位称为搭铁或接地。

搭铁点分布在汽车全身，由于不同金属相接（如铁、铜与铝、铅与铁），形成电极电位差，有些搭铁部位容易沾染泥水、油污或生锈，有些搭铁部位是很薄的钣金件，都可能引起搭铁不良，如灯不亮、仪表不起作用、喇叭不响等。要对搭铁部位与火线接点同等重视，所以现代汽车局部采用双线制，设有专门公共搭铁接点，编绘专门搭铁线路图，与熔断器电路提纲图同等重要。为了保证起动时减小线路接触压降，蓄电池极桩夹头、车架与发动机机体都接上大截面积的搭铁线，并对接触部位彻底除锈、去漆、拧紧。

三、读识电路图的一般方法

1）按整车电路系统的各功能及工作原理把整车电气系统划分成若干独立的电路系统，分别进行分析。

2）分析电路系统前，要清楚该电路中所包括的各部件的功能和作用。

3）阅读电路图时，应掌握回路原则，即电路中的工作电流由电源正极流出，经用电设备后流回负极。

4）按操纵开关的功能及不同工作状态来分析电路的工作原理。

5）读图时，把含有线圈和触点的继电器看成是由线圈工作的控制电路和触点工作的主电路两部分。

6）读接线图时，要正确判断接点标记、线型和色码标志。

7）进口汽车一般只配有接线图，原理图是汽车进口以后有关人员为研究、使用与检修而收集和绘制的。因收集时间、来源不同，符号、惯例的变更，在画法上可能存在异常。

四、整车电路分析

整车电路就是汽车电气设备的电路按照它们各自的工作性能及内在联系，用导线连接起来构成的一个整体，由电源电路（充电电路）、起动电路、点火电路、照明电路、仪表报警电路、信号电路、电子控制电路等构成。

1. 电源电路接线规律

1）发电机与蓄电池并联，蓄电池负极必须搭铁。蓄电池正极经电流表（或直接）接发电机正极，蓄电池静止电动势常为11.5～13.5V，发电机输出电压常限定在13.8～15V之间（24V电系为28～30V）。发电机工作时正常电压比蓄电池电压高0.3～3.5V，这主要是为了克服线路压降，使蓄电池充电时既能充足，又不至于充电过度。

2) 国产硅整流发电机的接线柱旁均有标记或名称，"+"或"B+"为"电枢"接线柱，此接线柱应与电流表或蓄电池"+"极相连；"F"为"磁场"接线柱，它与调节器"磁场"接线柱相连；"E"为"搭铁"接线柱，应与调节器的"搭铁"接线柱相接。

3) 采用外装调节器的交流发电机的磁场线圈搭铁方式有两种：一种是磁场线圈直接在发电机内部搭铁，如国产东风EQ1092、BJ2020汽车的发电机；另一种是磁场线圈不在发电机内部搭铁，而是通过调节器搭铁，如解放CA1092汽车的交流发电机。图7-18所示为典型汽车电源电路图。

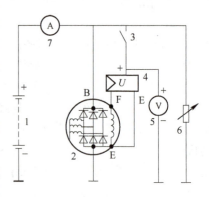

图 7-18　典型汽车电源电路图

2. 起动电路接线规律

起动电路接线规律如图7-19所示。

(1) 点火开关直接控制起动机的电路　点火开关在起动档直接控制起动机的吸拉保持线圈，多用于1.2kW以下的起动机的轿车电路；1.5kW以上起动机的磁力开关线圈的电流在40A以上，用起动继电器触点作为开关。

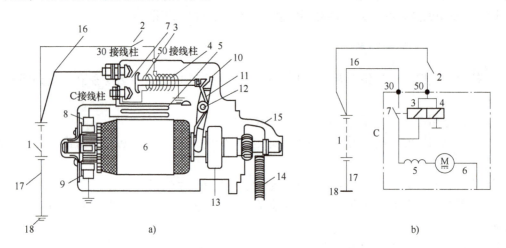

图 7-19　直接由点火开关控制的起动电路

(2) 带起动保护的起动机控制电路　当起动点火开关在0档时，电路均断开。点火开关在1档时（未起动）的供电线路：发电机励磁→点火线圈→仪表→点亮指示灯。点火开关在2档时，除了接通上述电路，还要接通起动机继电器电路：蓄电池正极→电流表→点火开关→起动机继电器线圈→继电器常闭触点→搭铁→蓄电池负极→起动机驱动主机。与此同时，触桥将点火线圈旁路触点接通，电流直通点火线圈初级，附加电阻被隔除在外。发动机点火工作后，发电机中性点N的对地电压使起动继电器中的起动保护继电器常闭触点断开，切断充电指示灯搭铁电路，充电指示灯熄灭，表示发电机工作正常。同时也切断了起动继电器线圈的搭铁电路，当发电机正常工作时，即使误将点火开关扳到2档，起动机也不会与飞轮啮合，从而避免了打坏飞轮齿圈与起动机的情况，起到了保护起动机的作用。

3. 点火电路接线规律

汽车点火系统可以分为普通（有触点）点火系统、无触点点火系统、微机控制点火系统等形式，其工作过程基本上都是按以下顺序循环：初级电流接通→初级电流切断（此时恰是某缸活塞处于压缩上止点前某一角度）→初级线圈产生自感电动势（300V左右）→次级线圈互感产生脉冲高压（6000～30000V）→火花塞出现电火花。

无触点点火系统的点火模块必须具备的引出线：由点火开关控制的电源输入线两条（4、5脚），由信号发生器（信号发生器与分电器轴一体）来的信号输入线三条（5、5、3脚，其中5脚供信号发生器的电源火线），初级电流的输入、输出线两条（1、2脚），如图7-20所示。

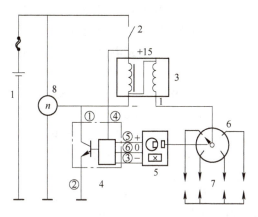

图7-20　霍尔式无触点点火系统电路图

4. 照明电路接线规律

汽车照明系统一般由前照灯、示宽灯（位置灯）、尾灯（后示宽灯）、牌照灯、仪表灯、室内灯等组成，其中前照灯又分为远光灯与近光灯，用变光开关控制。照明灯由灯光开关控制：灯光开关在0档关断；1档为小灯亮（包括示光灯、尾灯、仪表灯、牌照灯）；2档为前照灯、小灯同时亮。灯光系统的电流一般来自蓄电池正极，不受点火开关控制（由于前照灯远光功率较大，常用灯光继电器控制其通断，开关的2档用于控制继电器线圈）。超车灯信号常用远光灯亮灭来表示，发出此信号时不通过灯光开关，属于短时接通按钮式。现代汽车的照明系统常用组合开关集中控制，组合开关多装在转向柱上，位于转向盘下侧，操作时驾驶人的手可以不离开转向盘。图7-21所示为常见照明系统电路图。

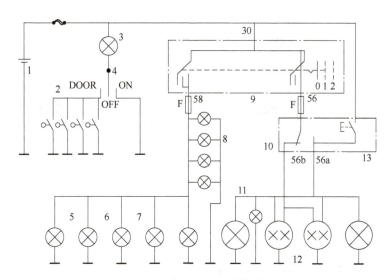

图7-21　常见照明系统电路图

5. 仪表报警电路接线规律

1）所有电气仪表都受点火开关控制。

2）各仪表的表头与其传感器串联，燃油表、冷却液温度表一般还接有仪表稳压器。

3）电流表串联在发电机正极与蓄电池正极之间。发电机充电电流从电流表正极进入，指针偏向正端，而在蓄电池往外放电时，指针偏向负端。以下两种电流不通过电流表：超过电流表量程的负载电流，如起动机、预热塞、喇叭灯电流；发电机正常工作时流向其他负载的供电电流。注意：当发电机不工作时，蓄电池向其他负载供电的电流必须经过电流表。现代汽车多用充电指示灯代替电流表，其缺点是不知充放电流大小，过充电时不易发现。

4) 电压表并接在点火开关之后，只在点火开关接通时显示系统电压。12V系统常使用10~18V的电压表、24V系统常使用20~36V的电压表。

5) 指示灯、警告灯常与仪表装配在一个总成内或布置在其附近，它们与仪表一同受点火开关的工作档（ON）和起动档（ST）控制。在ON档，应能检验大多数仪表、指示灯、警告灯是否良好。指示灯和警告灯的电路接法有两种：一种接法是灯泡接点火开关火线，外接传感开关，开关接通则与搭铁构成通路，灯亮，如充电指示灯、手制动指示灯、制动液面警告灯、门未关警告灯、机油压力警告灯、水位过低警告灯等；另一种接法是指示灯泡接地，控制信号来自其他开关的火线端，如远光指示灯、转向指示灯、座椅安全带未系指示灯、防抱死制动指示灯（ABS）、巡航控制指示灯等。

6) 汽车仪表常用双金属片电热丝式结构，表头一般只有两根线。例如，燃油指示表的两个接线柱是上下排列的，一般情况下应将上接线柱与电源线相连，下接线柱与传感器相连，否则将不能正常工作。此外，还有双线圈十字交叉、中间有一个磁性指针的仪表，多为3线引出，其中一条线接点火开关，另一条线搭铁，还有一条线接传感器。机械式仪表不与电路相接，如软轴传动的车速里程表、直接作用的弯管弹簧式制动气压表、油压表以及乙醚膨胀式水温表、油温表等，这些仪表的读数精度较高，但要引入许多管路、软轴进入仪表盘，拆装麻烦，甚至容易泄漏，正在逐步被电子控制仪表所代替。图7-22所示为仪表系统与报警系统电路图。

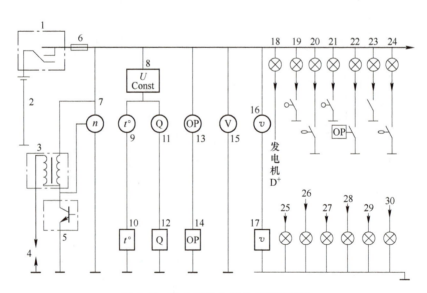

图7-22 仪表系统与报警系统电路图

6. 信号电路接线规律

信号系统主要有转向信号、危险警告信号、制动信号、倒车信号、喇叭信号等，这些信号都是由驾驶人根据道路交通情况向别的车辆和行人发出的，带有较强的随机性，一般自身开关控制，如制动信号多由制动踏板联动控制；倒车灯多由变速杆倒档轴联动控制，不用驾驶人特意操作即可接通；喇叭按钮多在转向盘上，驾驶人手不离开转向盘即可发出信号。

1）转向信号灯具有一定的闪频，国家标准中规定为 60~120 次/min，日本规定为（85±10）次/min。转向灯功率常为 21~25W，前后左右均设转向灯，大型车辆和轿车往往在侧面还有一个转向信号灯。其电路的一般接法是：转向灯与转向灯开关以及转向闪光继电器经危险警告灯开关的常闭触点与点火开关串联，即转向信号灯是在点火开关处于工作档（ON）时使用的。

2）危险警告灯的主要应用场合。本车有故障或危险不能行驶；本车有牵引别车的任务，需要他车注意；本车需要优先通过，需要他车避让。因此，危险警告灯可以在发动机不工作时使用，此时无须接通点火系统及仪表警告灯，为此设有危险警告开关，它是一个多刀联动开关，在断开点火开关接线的同时，接通蓄电池接线，闪光器及灯泡电源直接来自蓄电池，并将闪光继电器的输出端与左右转向灯连在一起。即在闪光继电器动作时，左右转向灯及指示灯同时发出危险警告信号。图 7-23 所示为转向信号与危险警告信号电路图。

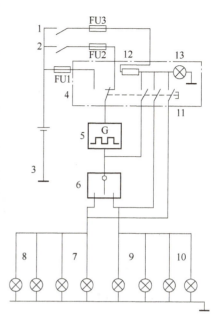

图 7-23　转向信号与危险警告信号电路图

7. 电子控制电路接线规律

1）了解电子控制系统的功用、控制对象是哪些元件，控制哪些物理量。例如，有些是控制点火的，有些是控制喷油的，还有些是控制自动变速器的等。

2）掌握各传感器的名称、安装部位、功用、结构原理及主要技术参数。例如，断电状态下的阻值，通电状态下的电位、电流。弄清楚各种传感器的信号电压是模拟量、脉冲量还是开关量。

3）掌握各种执行器的名称、安装部位、功用、结构原理及主要参数。

4）了解计算机内部各主要功能模块的作用；掌握各传感器、执行器之间的接线端子序号、字母代号，各端子之间的正常电压或阻值。

5）了解计算机、各传感器、各执行器在车上的安装位置，区别各接插器及其端子的序列号、代号，区别各元件的形状特征。

6）了解故障诊断插座或检测仪通信接口，按国别、厂家与车派查找各车辆的故障码表，用仪表或故障检查灯的闪光情况读出故障码，确定故障部位，排除故障。

电子控制系统电路的接线规律可归纳为：计算机控制电路必须受点火开关控制，必须有各种传感器随时输入工况信号。例如，磁脉冲式或霍尔式传感器能产生脉冲电压信号；有些传感器是由热敏电阻制成的，阻值发生变化时，输出电压也随之发生变化，属于模拟量电压信号，如水温、进气温度传感器等。电子控制系统执行机构受计算机控制，具有自诊断功能。计算机控制一般有两种模式：开环控制和闭环控制。例如，燃油喷射的开环控制：发动机计算机接收到输入信号以后，仅根据预先设置的程序予以响应，对氧传感器的信号不予监控。开环工况有暖机工况、减速工况、节气门全开工况等。闭环控制：发动机计算机检测氧传感器信号，使计算机控制的喷油脉冲宽度得到理想空燃比，达到最佳燃油经济性，低排放。闭环工况有怠速工况、巡航工况等。

实训操作

实训需要的工具及其数详见表7-1。

表7-1 工具明细

件 号	名 称	型号及规格	数 量
1	数字万用表	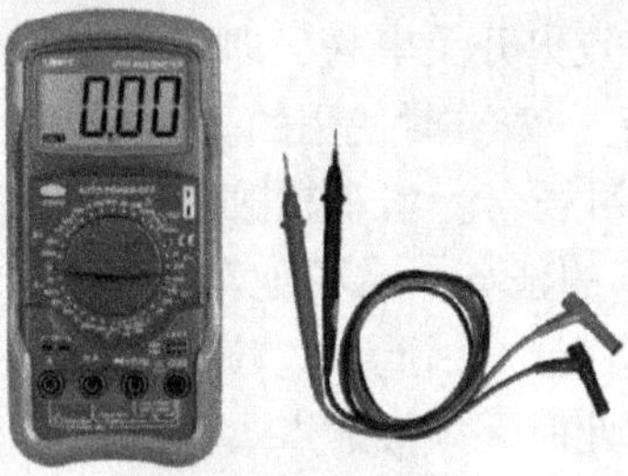	4块
2	工具车		2辆
3	北京现代悦动轿车		1辆
4	悦动轿车维修手册		2份

实训操作 全车电路的检修

1. 任务实施流程

（1）故障现象　王先生早上驾驶一辆桑塔纳轿车去上班，下车打开车门时发现门控灯和中央乘客室照明灯未亮，要求给予检修。

（2）故障诊断流程

1）验证用户所反映的情况，并注意通电后的各种现象。在动手拆检之前，尽量缩小故障原因的范围。

2）分析电路原理图，弄清电路的工作原理，对问题所在作出判断。

3）重点检查问题集中的电路或部件，验证第二步做出的判断。

4）进一步进行诊断与检修，常用的检修方法有直观诊断法、断路法、试灯法、仪表法、试火法等。

5）验证电路是否恢复正常。

2. 任务实施步骤

下面介绍全车电路的检修注意事项和检修方法。

(1) 全车电路检修注意事项

1）拆卸蓄电池时，总是先拆下负极电缆；装上蓄电池时，总是最后连接负极电缆。拆下或装上蓄电池电缆时，应确保点火开关或其他开关都处于断开状态，否则会导致半导体器件的损坏。

2）不允许使用欧姆表及万用表 R×100 档以下的低阻欧姆档检测小功率晶体管，以免其因电流过载而损坏。更换晶体管时，应首先接入基极，拆卸时应最后拆卸基极。

3）拆卸和安装元件时，应切断电源。

4）更换烧坏的熔断器时，应使用相同规格的熔断器。

5）正确拆卸导线插接器。为防止插接器在汽车行驶中脱开，所有的插接器均采用了闭锁装置。要拆开插接器时，首先要解除闭锁，然后将插接器拉开，不允许在未解除闭锁的情况下用力拉导线。

6）在检修装有电子设备的汽车时，不允许用"试火"的方法，否则会对某些电路和电子元件造成意想不到的伤害。

7）在发动机工作时，不要拆下蓄电池的接线。对于装有电控装置的车辆，也不要采用该方法判断发电机是否发电。

8）靠近振动部件的线束应用卡子固定，将松弛部分拉紧，以免由于振动造成线束与其他部分接触。

(2) 汽车电气系统故障常用诊断方法　　汽车电路的故障主要有断路、短路、电气设备损坏等。为了能迅速、准确地诊断故障，下面介绍几种常见的诊断方法。

1）直观诊断法。汽车电路发生故障时，有时会出现冒烟、火花、异响、焦臭、发热等异常现象。这些现象可通过人的眼、耳、鼻、身感觉到，从而可以直接判断出故障所在部位。

例如，汽车行驶中，突然发现转向灯与转向指示灯均不亮。用手一摸，发现闪光器发热烫手，说明闪光器已被烧坏。

2）断路法。汽车电路设备发生搭铁（短路）故障时，可用断路法判断。即将被怀疑有搭铁故障的电路段断路后，根据电气设备中搭铁故障是否还存在，判断电路搭铁的部位和原因。

例如，汽车行驶时，听到电喇叭长鸣，则可以将继电器"按钮"接线柱上的导线拆开。此时，若电喇叭停鸣，则说明喇叭按钮至继电器这段电路中有搭铁现象。

3）短路法。汽车电路中出现断路故障时，还可以用短路法判断。即将被怀疑有断路故障的电路短接，观察仪表指针变化或电气设备工作状况，从而判断出该电路中是否存在断路故障。

例如，怀疑汽车电路中的某开关有故障时，可以用导线将开关短接来判断开关是好是坏。

4）试灯法。试灯法就是用一只汽车用灯泡作为试灯，检查电路中有无断路故障。

例如，用试灯的一端和交流发电机的"电枢"接线柱连接，另一端搭铁。如果灯不亮，说明蓄电池至交流发电机"电枢"接线柱间有断路现象；若灯亮，则说明该断电路良好。

5）仪表法。观察汽车仪表板上的电流表、水温表、燃油表、机油压力表等的指示情况，判断电路中有无故障。

例如，发动机冷态，接通点火开关时，水温表指示满刻度位置不动，说明水温表传感器有故障或该线路搭铁。

6）高压试火法。对高压电路进行搭铁试火，观察电火花状况，判断点火系统的工作情况。具体方法：取下点火线圈或者火花塞的高压导线，将其对准火花塞或缸盖等，距离约5mm，然后接通起动开关，转动发动机，看其跳火情况。如果火花强烈，呈天蓝色，且跳火声较大，则表明点火系统工作基本正常；反之，则说明点火系统工作不正常。

7）低压搭铁试火法。即拆下用电设备接线的某一线端对汽车的金属部分（搭铁）碰试，根据产生的火花来判断故障。这种方法比较简单，是汽车电工经常使用的方法。搭铁试火法可分为直接搭铁和间接搭铁两种方法。

直接搭铁是未经过负载而直接搭铁产生强烈的火花。例如，要判断点火线圈至蓄电池一端电路是否有故障，可拆下点火线圈上连接点火开关的插头，在汽车车身或车架上刮碰，如果有强烈的火花，则说明该电路正常；如果无火花，则说明该电路出现了断路。

间接搭铁是通过汽车电器的某一负载而搭铁产生微弱的火花，来判断线路或负载是否有故障。例如，将传统点火系统断电器连接线搭铁（回路经过点火线圈初级绕组），如果有火花，则说明这段线路正常；如果无火花，则说明电路有断路。

需要注意的是，试火法不能在装有电子线路的汽车上应用。

8）换件法。换件法在实际故障诊断中经常采用，它是使用一个无故障的元件替代怀疑可能出现故障的元件，观察出现故障系统的工作情况，从而判断故障所在。采用换件法时必须注意的是，在换件前要对其线路进行必要的检查，确保线路正常后方可使用，否则会造成更大的损失。

9）仪器法。随着汽车电气设备的日趋复杂，在维修中，特别是维修装置电子设备较多的车辆时，使用一些专用仪器是十分必要的。

课后测评

一、填空题

1. 汽车电路图主要有_____、_____和_____三种类型。
2. 汽车电路一般采用_____，用电设备_____、_____搭铁，线路由_____和_____加以区分。
3. 电路保护装置的主要类型包括_____，_____、_____。

二、选择题

1. 继电器的主要类型有（　　）。
   A. 中间继电器　　B. 热继电器　　C. 干簧式继电器　　D. 以上都是
2. 以下不属于全车电路主干线的是（　　）。
   A. 蓄电池火线　　B. 附件火线　　C. 点火开关火线　　D. 发电机输出线

三、判断题

1. 熔断器并联在其所保护的电路中，目的是保护用电设备不被烧坏。　　　　（　　）
2. 换易熔线时不能换比规定容量大的易熔线。　　　　　　　　　　　　　（　　）
3. 继电器的主要作用为用小电流控制大电流。　　　　　　　　　　　　　（　　）

四、简答题

1. 安装线束时的注意事项有哪些？
2. 简述读识电路图的一般方法。

参 考 文 献

[1] 段京华. 汽车电工电子技术与技能 [M]. 北京：机械工业出版社，2016.
[2] 杨金玉，张军. 汽车电工电子技术基础 [M]. 北京：机械工业出版社，2017.